ГЕРМАН ГЕССЕ

СТЕПНОЙ ВОЛК

ИЗДАТЕЛЬСТВО АСТ
МОСКВА

УДК 821.112.2-31
ББК 84 (4Гем)-44
Г43

Серия «Эксклюзивная классика»

Hermann Hesse
DER STEPPENWOLF

Перевод с немецкого С. Апта

Серийное оформление Е. Ферез

Печатается с разрешения издательства
Suhrkamp Verlag Frankfurt am Main.

Гессе, Герман.

Г43 Степной волк : [роман] / Герман Гессе; [пер. с нем. С. Апта]. — Москва: Издательство АСТ, 2020. — 283, [5] с. — (Эксклюзивная классика).

ISBN 978-5-17-103601-0

«Степной волк» — один из самых главных романов XX века, впервые опубликованный в 1927 году. Это и философская притча, и вместе с тем глубокое исследование психологии человека, тщетно пытающегося найти и обрести собственное «Я», постоянно балансирующего на стыке животного и человеческого начал.

УДК 821.112.2-31
ББК 84 (4Гем)-44

Предисловие издателя

Эта книга содержит оставшиеся нам записки того, кого мы, пользуясь выражением, которое не раз употреблял он сам, назвали Степным волком. Нуждается ли его рукопись во вступительном слове, трудно сказать; у меня, во всяком случае, есть потребность прибавить к страницам Степного волка некоторое количество собственных, где я пытаюсь записать свои воспоминания, с ним связанные. Знаю я о нем мало, а его происхождение, да и все его прошлое мне так и неизвестны. Но у меня осталось сильное и, что бы там ни было, приятное впечатление от его личности.

Степной волк был человек лет пятидесяти, который несколько лет назад зашел в дом моей тетки в поисках меблированной комнаты. Сняв мансарду и смежную с ней спаленку, он через несколько дней явился с двумя чемоданами и большим, набитым книгами ящиком и прожил у нас месяцев девять-десять. Жил он очень тихо и замкнуто, и если бы не соседство наших спален, повлекшее за собой случайные встречи на лестнице и в коридоре, мы, наверно, так и не познакомились бы, поскольку общительностью он не отличался, он был в высшей, неведомой мне дотоле степени необщителен, он был и правда, как он иногда называл себя, Степным волком, чужим, диким и одновременно робким, даже очень робким существом из иного мира, чем мой. С каким глубоким одиночеством свыкся он из-за своих склонностей и своей судьбы и сколь сознательно усматривал он в таком одиночестве свою судьбу, это я узнал, впрочем, лишь из нижеследующих, оставшихся от него записей; но уже и раньше, благодаря коротким встречам и разговорам, я в какой-то мере его распознал и нахожу, что образ, вырисовывающийся передо мной из его записей, в общем соответствует той, более бледной и менее полной, конечно, картине, которую я составил себе на основании нашего личного знакомства.

Случайно я присутствовал при том, как Степной волк впервые переступил порог нашего дома и снял жилье у моей тетки. Он пришел в обеденное время, тарелки еще стояли на столе, а у меня оставалось еще полчаса до ухода в контору. Я не забыл странного и очень двойственного впечатления, которое он произвел на меня с первого взгляда. Вошел он через застекленную дверь, предварительно позвонив в нее, и в полутемной передней тетка спросила его, что ему нужно. А он, Степной волк, запрокинул, принюхиваясь, свою острую, коротковолосую голову, повел нервным носом, потягивая воздух вокруг себя, и, прежде чем ответить или назвать свое имя, сказал:

— О, здесь хорошо пахнет.

Он улыбнулся, и моя добрая тетка тоже улыбнулась, а я нашел эти приветственные слова довольно смешными и почувствовал к нему какую-то неприязнь.

— Ну да, — сказал он, — я пришел по поводу комнаты, которую вы сдаете.

Когда мы втроем поднимались по лестнице в мансарду, я сумел рассмотреть его лучше. Он был не очень высок, но обладал походкой и осанкой рослого человека, носил модное и удобное зимнее пальто, да и вообще одет был прилично, но небрежно, выбрит гладко, и волосы его, совсем короткие, мерцали проседью. Сначала его походка мне не понравилась, в ней была какая-то напряженность и нерешительность, не соответствовавшая ни его острому, резкому профилю, ни тону и темпераменту его речи. Лишь позже я заметил и узнал, что он болен и ходить ему трудно. Со странной улыбкой, которая тоже была мне тогда неприятна, он осмотрел лестницу, стены, и окна, и старые высокие шкафы в лестничной клетке, все это ему как бы и нравилось, и в то же время чем-то смешило его. Было вообще такое впечатление, что он явился к нам из другого мира, из каких-то заморских стран, и находит все здешнее хоть и красивым, но немного смешным. Держался он, ничего не скажешь, вежливо, даже приветливо, сразу же и безоговорочно одобрил дом, комнату, плату за жилье и завтрак и прочее, и все-таки от него веяло чем-то чужим, чем-то, как мне показалось тогда, недобрым или враждебным. Он снял комнату, снял заодно и спаленку, осведомился об отоплении, воде, услугах и правилах распорядка, выслушал все внимательно и любезно, со всем согласился, сразу же предложил задаток, и все же казалось, что он не очень-то в это вникает, что он сам себе смешон в своей роли и не принимает ее всерьез, что ему странно и ново снимать комнату и говорить с людьми по-немецки, ибо, по сути, внутренне он занят совсем другим. Таково примерно было мое впечатление, и оно осталось бы неблагоприятным, если бы с ним не пошли вразрез и его не исправили всякие мелкие черточки. Прежде всего — лицо нового жильца, которое мне с самого начала понравилось; несмотря на что-то диковинное во взгляде, оно понравилось мне, это было лицо, может быть, несколько необычное и печальное, но живое, очень осмысленное, четко вылепленное и одухотворенное. Примирительнее настроило меня и то, что в его вежливости и приветливости, хотя они, видимо, стоили ему некоторых усилий, не было ни тени высокомерия — напротив, в них было что-то почти трогательное, что-то похожее на мольбу; объяснение этому я нашел лишь позднее, но это сразу же немного расположило меня к нему.

Еще до того, как осмотр обеих комнат и остальные переговоры закончились, истек мой обеденный перерыв, и мне пришлось отправиться на службу. Я откланялся и оставил его в обществе тетки. Вечером, когда я вернулся, она сказала мне, что он снял жилье и на днях переберется, но попросил не прописывать его в полиции, потому что он, по своему нездоровью, терпеть не может всяких формальностей, хождения по канцеляриям и так далее. Хорошо помню, как это меня тогда озадачило и как я посоветовал тетке не соглашаться с таким условием. Именно в сочетании со всем непривычным и чужим в облике нашего посетителя его страх перед полицией показался мне подозрительным. Я заявил тетке, что, имея дело с совершенно незнакомым человеком, никак нельзя уступать этому и вообще-то странному требованию, исполнение которого может при случае повлечь за собой весьма неприятные для нее последствия. Но тут оказалось, что тетка уже обещала ему исполнить его желание и что она вообще уже очарована и покорена незнакомцем, ведь она никогда не пускала жильцов, если не чувствовала возможности какого-то человеческого, дружеского, заботливо-родственного, точнее даже — материнского отношения к ним, чем многие прежние жильцы вовсю пользовались. Так и получилось, что в первые недели я находил у нового жильца всякие недостатки, а тетка каждый раз горячо защищала его.

Поскольку эта история с уклонением от прописки мне не понравилась, я пожелал хотя бы выяснить, что знает тетка о незнакомце, о его происхождении и его намерениях. Оказалось, что она кое-что знает, хотя после моего полуденного ухода он задержался у нее совсем ненадолго. Он сказал, что собирается пробыть в нашем городе несколько месяцев, воспользоваться местными библиотеками и осмотреть здешние древности. Тетку, собственно, не устраивал жилец на столь короткий срок, но он явно уже расположил ее к себе, несмотря на свое несколько странное появление. Короче говоря, комнаты были сданы, и мои возражения запоздали.

— С какой стати он сказал, что здесь хорошо пахнет? — спросил я.

Тогда моя тетушка, у которой иногда бывали довольно верные догадки, сказала:

— Мне это совершенно ясно. У нас здесь пахнет опрятностью и порядком, пахнет уютной и благопристойной жизнью, и это ему понравилось. Похоже, что он к этому не привык и в этом нуждается.

Ну что ж, подумал я, вполне возможно.

— Однако, — сказал я, — если он не привык к упорядоченной и благопристойной жизни, то что же получится? Что ты сделаешь, если он нечистоплотен и будет везде оставлять грязь или являться по ночам пьяный?

— Посмотрим, — сказала она и засмеялась, и я оставил эту тему.

Мои опасения оказались и правда напрасными. Хотя наш квартирант отнюдь не вел упорядоченной и размеренной жизни, он не обременял нас и не причинял нам никакого ущерба, мы и поныне любим о нем вспоминать. Но внутренне, психологически, этот человек обоим нам, тетушке и мне, еще как мешал и был еще каким бременем, и, честно говоря, я от него еще далеко не освободился. Иногда я вижу его ночами во сне и чувствую, что он, что самый факт существования такого человека, по сути, мешает мне и тревожит меня, хотя я его прямо-таки полюбил.

Два дня спустя извозчик доставил вещи незнакомца, которого звали Гарри Галлер. Очень красивый кожаный чемодан произвел на меня хорошее впечатление, а большой плоский кофр свидетельствовал о прежних дальних поездках, — во всяком случае, он был облеплен пожелтевшими ярлыками отелей и транспортных агентств разных стран, даже заморских.

Потом появился он сам, и началась та пора, когда я постепенно узнавал этого необычного человека. Сначала я со своей стороны ничего для этого не предпринимал. Хотя Галлер заинтересовал меня, едва я его увидел, в первые несколько недель я не сделал ни шагу, чтобы встретиться с ним или вступить с ним в разговор. Однако, признаюсь, я с самого начала немного за ним наблюдал, даже захаживал в его отсутствие к нему в комнату и вообще немножко шпионил из любопытства.

О внешности Степного волка я уже кое-что сообщил. Он безусловно и с первого же взгляда производил впечатление человека значительного, редкого и незаурядно одаренного, лицо его было полно ума, а чрезвычайно тонкая и живая игра его черт отражала интересную, необыкновенно тонкую, чуткую работу духа. Когда он, что случалось не всегда, выходил в беседе из рамок условностей и, как бы вырвавшись из своей отчужденности, говорил что-нибудь от себя лично, нашему брату ничего не оставалось, как подчиниться ему, он думал больше, чем другие, и в вопросах духовных обладал той почти холодной объективностью, тем продуманным знанием, что свойственны лишь людям действительно духовной жизни, лишенным какого бы то ни было честолюбия, не стремящимся блистать, или убедить другого, или оказаться правыми.

Мне вспоминается одно такое высказывание последней поры его пребывания здесь, собственно, даже и не высказывание, ибо состояло оно только в брошенном им взгляде. В актовом зале университета должен был выступить с докладом один знаменитый философ и историк культуры, человек с европейским именем, и мне удалось уговорить Степного волка, который сперва всячески отнекивался, послушать этот доклад. Мы пошли вместе и в зале сидели рядом. Взойдя на кафедру и приступив к лекции, оратор разочаровал многих слушателей, ожидавших увидеть чуть ли не пророка, своим щеголеватым и суетным видом. Когда он для начала сказал несколько лестных слов слушателям, поблагодарив аудиторию за ее многолюдность, Степной волк бросил мне короткий взгляд, выразивший критическое отношение к этим словам и вообще к оратору, — о, взгляд незабываемый и ужасный, о смысле которого можно написать целую книгу! Его взгляд не только критиковал данного оратора, уничтожая знаменитого человека своей убийственной, хотя и мягкой иронией, это еще пустяк. Взгляд его был скорее печальным, чем ироническим, он был безмерно и безнадежно печален; тихое, почти уже вошедшее в привычку отчаяние составляло содержание этого взгляда. Своей отчаянной ясностью он просвечивал не только личность суетного оратора, высмеивал не только сиюминутную ситуацию ожидания и настроение публики, несколько претенциозное заглавие объявленной лекции — нет, взгляд Степного волка пронзал все наше время, все мельтешение, весь карьеризм, всю суетность, всю мелкую возню мнимой, поверхностной духовности — да что там, взгляд этот проникал, увы, еще глубже, был направлен гораздо дальше, чем только на безнадежные изъяны нашего времени, нашей духовности, нашей культуры. Он был направлен в сердце всего человечества, в одну-единственную секунду он ярко выразил все сомнение мыслителя, может быть, мудреца в достоинстве, в смысле человеческой жизни вообще. Этот взгляд говорил: «Вот какие мы шуты гороховые! Вот каков человек!» — и любая знаменитость, любой ум, любые достижения духа, любые человеческие потуги на величие и долговечность шли прахом и оказывались шутовством!

Я сильно забежал вперед и, собственно, вопреки своему намерению и желанию в общем-то уже сказал самое существенное о Галлере, хотя сперва собирался нарисовать его портрет лишь исподволь, путем последовательного рассказа о моем с ним знакомстве.

Раз уж я так забежал вперед, то не стоит больше распространяться насчет загадочной «диковинности» Галлера и подробно излагать, как я постепенно почувствовал и узнал причины и смысл этого чрезвычайного и ужасного одиночества. Так будет лучше, ибо свою собственную персону мне хотелось бы по возможности оставить в тени. Я не хочу ни писать исповедь, ни рассказывать истории, ни пускаться в психологию, а хочу лишь как очевидец прибавить кое-какие штрихи к портрету этого странного человека, от которого остались эти записки Степного волка.

Уже с первого взгляда, когда он вошел через тетушкину застекленную дверь, запрокинул по-птичьи голову и похвалил хороший запах нашего дома, я заметил в незнакомце что-то особенное, и первой моей наивной реакцией было отвращение. Я почувствовал (и моя тетка, человек в отличие от меня совсем не умственный, почувствовала примерно то же самое) — я почувствовал, что он болен, то ли как-то душевно, то ли какой-то болезнью характера, и свойственный здоровым инстинкт заставил меня обороняться. Со временем это оборонительное отношение сменилось симпатией, основанной на большом сочувствии к тому, кто так глубоко и долго страдал и чье внутреннее умирание происходило у меня на глазах. В этот период я все больше и больше осознавал, что болезнь этого страдальца коренится не в каких-то пороках его природы, а, наоборот, в великом богатстве его сил и задатков, не достигшем гармонии. Я понял, что Галлер — гений страдания, что он, в духе некоторых тезисов Ницше, выработал в себе гениальную, неограниченную, ужасающую способность к страданию. Одновременно я понял, что почва его пессимизма — не презрение к миру, а презрение к себе самому, ибо, при всей уничтожающей беспощадности его суждений о заведенных порядках или о людях, он никогда не считал себя исключением, свои стрелы он направлял в первую очередь в себя самого, он ненавидел и отрицал себя самого в первую очередь...

Тут я должен вставить одно психологическое замечание. Хотя я мало что знаю о жизни Степного волка, у меня есть все причины полагать, что любящие, но строгие и очень благочестивые родители и учителя воспитывали его в том духе, который кладет в основу воспитания «подавление воли». Так вот, уничтожить личность, подавить волю в данном случае не удалось, ученик был для этого слишком силен и тверд, слишком горд и умен. Вместо того чтобы уничтожить его личность, удалось лишь научить его ненавидеть себя самого. И против себя самого, против этого невинного и благородного объекта, он пожизненно направлял всю гениальность своей фантазии, всю силу своего разума. Ибо в том-то он и был, несмотря ни на что, истинным христианином и истинным мучеником, что всякую резкость, всякую критику, всякое ехидство, всякую ненависть, на какую был способен, обрушивал прежде всего, первым делом на себя самого. Что касалось остальных, окружающих, то он упорно предпринимал самые героические и самые серьезные попытки любить их, относиться к ним справедливо, не причинять им боли, ибо «люби ближнего твоего» въелось в него так же глубоко, как ненависть к самому себе, и, таким образом, вся его жизнь была примером того, что без любви к себе самому невозможна и любовь к ближнему, а ненависть к себе — в точности то же самое и приводит к точно такой же изоляции и к такому же точно отчаянию, как и отъявленный эгоизм.

Но пора мне отставить собственные домыслы и перейти к фактам. Итак, первое, что я узнал о Гарри Галлере, — отчасти благодаря своему шпионству, отчасти из замечаний тетушки, — касалось его образа жизни. Что он человек умственно-книжный и не имеет никакого практического занятия, выяснилось вскоре. Он всегда залеживался в постели, часто вставал чуть ли не в полдень и проделывал в халате несколько шагов, отделявших маленькую спальню от его гостиной. Эта гостиная, большая и приятная мансарда с двумя окнами, уже через несколько дней приобрела другой вид, чем при прежних жильцах. Она наполнилась — и со временем наполнялась все больше. Вешались картины, прикалывались к стенам рисунки, иногда вырезанные из журналов иллюстрации, которые часто менялись. Южный пейзаж, фотографии немецкого провинциального городка, видимо родины Галлера, висели здесь вперемежку с яркими, светящимися акварелями, о которых мы лишь впоследствии узнали, что они написаны им самим. Затем фотография красивой молодой женщины или девушки. Одно время на стене висел сиамский Будда, смененный сперва репродукцией «Ночи» Микеланджело, а потом портретом Махатмы Ганди. Книги не только заполняли большой книжный шкаф, но и лежали повсюду — на столах, на красивом старом секретере, на диване, на стульях, на полу, книги с бумажными закладками, постоянно менявшимися. Книги непрестанно прибавлялись, ибо он не только приносил целые кипы из библиотек, но и получал весьма часто бандероли по почте. Человек, который жил в этой комнате, мог быть ученым. Такому впечатлению соответствовал и сигарный дым, все здесь окутывавший, и разбросанные повсюду окурки сигар, и пепельницы. Однако изрядная часть книг была не ученого содержания, подавляющее большинство составляли сочинения писателей всех времен и народов. Одно время на диване, где он часто проводил лежа целые дни, валялись все шесть толстых томов сочинения под названием «Путешествие Софии из Мемеля в Саксонию» — конца восемнадцатого века. Зачитанный вид был у полных собраний сочинений Гете и Жан-Поля, а также Новалиса, Лессинга, Якоби и Лихтенберга. В нескольких томах Достоевского густо торчали исписанные листки. На большом столе среди книг и рукописей часто стоял букет цветов, там же пребывал и этюдник с акварельными красками, всегда, впрочем, покрытый пылью, рядом с ним — пепельницы и, не стану об этом умалчивать, всевозможные бутылки с напитками. В оплетенной соломой бутылке было обычно красное вино, которое он брал в лавочке поблизости, иногда появлялась бутылка бургундского или малаги, а толстая бутылка с вишневой наливкой была, как я видел, за короткий срок почти опорожнена, но потом исчезла в каком-то углу и пылилась без дальнейшего убывания остатка. Не стану оправдывать своего шпионства и честно признаюсь, что первое время все эти приметы хоть и наполненной духовными интересами, но все же довольно-таки беспутной и разболтанной жизни вызывали у меня отвращение и недоверие. Я не только человек бюргерской размеренности в быту, я к тому же не пью и не курю, и эти бутылки в комнате Галлера не понравились мне еще больше, чем прочий живописный беспорядок.

Так же, как в отношении сна и работы, незнакомец не соблюдал решительно никакого режима в еде и питье. В иные дни он вообще не выходил из дому и не подкреплялся ничем, кроме утреннего кофе, единственным порой остатком его трапезы, который находила тетка, оказывалась брошенная кожура от банана, зато в другие дни он ел в ресторанах, иногда в хороших, изысканных, иногда в какой-нибудь харчевне на окраине города. Крепким здоровьем он, видимо, не обладал; кроме скованности в ногах, которыми он часто с явным трудом преодолевал лестницы, его мучили, видимо, и другие недуги, и как-то он вскользь заметил, что уже много лет не знает ни нормального пищеварения, ни нормального сна. Я приписал это прежде всего тому, что он пил. Позднее, когда я захаживал с ним в одну из его рестораций, мне доводилось наблюдать, как он быстро и своенравно пропускал рюмку-другую, но по-настоящему пьяным ни я, ни еще кто-либо его ни разу не видел.

Никогда не забуду нашей первой более личной встречи. Мы были знакомы лишь шапочно, как бывают знакомы между собой соседи, живущие в одном доме. Однажды вечером, возвращаясь из конторы, я, к своему удивлению, застал господина Галлера сидящим на лестничной площадке между вторым и третьим этажами. Он сидел на верхней ступеньке и подвинулся в сторону, чтобы меня пропустить. Я спросил его, не чувствует ли он себя плохо, и предложил ему проводить его до самого верха.

Галлер посмотрел на меня, и я понял, что вывел его из какого-то сонного состояния. Он медленно улыбнулся своей красивой и грустной улыбкой, которой так часто надрывал мне сердце, а потом пригласил меня сесть рядом с ним. Я поблагодарил и сказал, что не привык сидеть на лестнице перед чужими квартирами.

— Ах да, — сказал он и улыбнулся еще раз. — Вы правы. Но погодите минутку, я покажу вам, почему я здесь присел.

Тут он указал на площадку перед квартирой второго этажа, где жила одна вдова. На крошечном пятачке паркета между лестницей, окном и застекленной дверью стоял у стены высокий шкаф красного дерева со старинными оловянными украшениями, а на полу перед шкафом, в больших горшках на двух низких подставочках, стояли два растения — азалия и араукария. Растения выглядели красиво и содержались всегда безупречно опрятно, что я уже с удовольствием отмечал.

— Видите, — продолжал Галлер, — эта площадочка с араукарией, здесь такой дивный запах, что я часто прямо-таки не в силах пройти мимо, не помешкав минутку. У вашей тетушки тоже все благоухает и царят порядок и чистота, но эта вот площадочка с араукарией — она так сверкающе чиста, так вытерта, натерта и вымыта, так неприкосновенно опрятна, что просто сияет. Мне всегда хочется здесь надышаться — чувствуете, как здесь пахнет? Как этот запах воска, которым натерт пол, и слабый привкус скипидара вместе с красным деревом, промытыми листьями растений и всем прочим создают благоухание, создают высшее выражение мещанской чистоты, тщательности и точности, исполнения долга и верности в малом. Не знаю, кто здесь живет, но за этой стеклянной дверью должен быть рай чистоты, мещанства без единой пылинки, рай порядка и боязливо-трогательной преданности маленьким привычкам и обязанностям.

Поскольку я промолчал, он продолжил:

— Пожалуйста, не думайте, что я иронизирую! Дорогой мой, я меньше всего хотел бы подтрунивать над этим мещанским порядком. Верно, я сам живу в другом мире, не в этом, и, пожалуй, не выдержал бы и дня в квартире с такими араукариями. Но хоть я и старый, немного уже облезлый Степной волк, я тоже как-никак сын своей матери, а моя мать тоже была мещанка, она разводила цветы, следила за комнатой и за лестницей, за мебелью и за гардинами и старалась придать своей квартире и своей жизни как можно больше опрятности, чистоты и добропорядочности. Об этом напоминает мне запах скипидара, напоминает араукария, и вот я порой сижу здесь, гляжу на этот тихий садик порядка и радуюсь, что такое еще существует на свете.

Он хотел встать, но это оказалось ему трудно, и он не отстранил меня, когда я ему немного помог. Я продолжал молчать, но поддался, как то уже произошло с моей тетушкой, какому-то очарованию, исходившему подчас от этого странного человека. Мы медленно поднялись вместе по лестнице, и перед своей дверью, уже держа в руке ключ, он снова прямо и очень приветливо посмотрел мне в лицо и сказал:

— Вы пришли сейчас из своей конторы? Ну да, в этом я ничего не смыслю, я живу, знаете ли, несколько в стороне, несколько на отшибе. Но, наверно, вы тоже интересуетесь книгами и тому подобным, ваша тетушка сказала мне как-то, что вы кончили гимназию и были сильны в греческом. Сегодня утром я нашел одну фразу у Новалиса, можно показать вам ее? Вам это тоже доставит удовольствие.

Он завел меня в свою комнату, где сильно пахло табаком, вытащил из кучи какую-то книгу, полистал, поискал...

— И это тоже хорошо, очень хорошо, — сказал он, — послушайте-ка: «Надо бы гордиться болью, всякая боль есть память о нашем высоком назначении». Прекрасно! За восемьдесят лет до Ницше! Но это не то изречение, которое я имел в виду, — погодите — нашел. Вот оно: «Большинство людей не хочет плавать до того, как научится плавать». Разве это не остроумно? Конечно, они не хотят плавать! Ведь они созданы для суши, а не для воды. И, конечно, они не хотят думать; ведь они рождены для того, чтобы жить, а не для того, чтобы думать! Ну, а кто думает, кто видит в этом главное свое дело, тот может очень в нем преуспеть, но он все-таки путает сушу с водой, и когда-нибудь он утонет.

Так он залучил меня к себе и заинтересовал, и я задержался у него на несколько минут, и с тех пор мы часто, встречаясь на лестнице или на улице, немного беседовали. При этом сначала, так же как в тот раз возле араукарии, я не мог отделаться от чувства, что он иронизирует надо мной. Но это было не так. Он испытывал ко мне, как и к араукарии, поистине уважение, он так глубоко проникся сознанием своего одиночества, своей обреченности плавать, своего отщепенства, что порой и в самом деле, без всякой насмешки, мог прийти в восторг от какого-нибудь слуги или, скажем, трамвайного кондуктора. Сперва мне казалось это довольно смешным преувеличением, барской причудой, кокетливой сентиментальностью. Но мало-помалу я убеждался, что, глядя на наш мещанский мирок из своего безвоздушного пространства, из волчьей своей отчужденности, он действительно восхищался этим мирком, воистину любил его как нечто прочное и надежное, как нечто недостижимо далекое, как родину и покой, путь к которым ему, Степному волку, заказан. Перед нашей привратницей, славной женщиной, он всегда снимал шляпу с неподдельным почтением, и, когда моя тетушка с ним болтала или напоминала ему, что его белье требует починки или что у него отрывается пуговица на пальто, он слушал ее на редкость внимательно и серьезно, словно изо всех сил, но безнадежно старался проникнуть через какую-нибудь щелку в этот спокойный мирок и сродниться с ним хотя бы на час.

Уже в ходе того первого разговора возле араукарии он назвал себя Степным волком, и это тоже немного удивило и покоробило меня. Что за манера выражаться?! Но я не только примирился с этим выражением благодаря привычке, а я сам стал вскоре мысленно называть нашего жильца не иначе как

Степным волком, да и сейчас не нашел бы более меткого определения для него. Степной волк, оплошно забредший к нам в города, в стадную жизнь, — никакой другой образ точнее не нарисует этого человека, его робкого одиночества, его дикости, его тревоги, его тоски по родине и его безродности.

Однажды мне довелось наблюдать его в течение целого вечера на симфоническом концерте, где он, к моему изумлению, сидел поблизости от меня, но меня не заметил. Сперва давали Генделя, благородную и красивую музыку, но Степной волк сидел безучастно, погруженный в свои мысли, и не обращал внимания ни на музыку, ни на окружающих. Отрешенный, одинокий, чужой, он сидел с холодным, но озабоченным видом, опустив глаза. Потом началась другая пьеса, маленькая симфония Фридемана Баха, и я поразился, увидев, как после первых же тактов мой отшельник стал улыбаться, заражаясь игрой, — он совершенно ушел в себя и минут, наверное, десять пребывал в таком счастливом забытьи, казался погруженным в такие сладостные мечты, что я следил не столько за музыкой, сколько за ним. Когда пьеса кончилась, он пробудился, сел прямее, собрался было встать и уйти, но все же остался в кресле, чтобы выслушать и последнюю пьесу — это были вариации Регера, музыка, которую многие находили несколько затянутой и утомительной. И Степной волк тоже, слушавший поначалу внимательно и доброжелательно, снова отвлекся, он засунул руки в карманы и снова ушел в себя, но на сей раз не счастливо-мечтательно, а печально и наконец зло, его лицо снова отдалилось, посерело, потухло, он казался старым, больным, недовольным.

После концерта я опять увидел его на улице и пошел следом за ним; кутаясь в пальто, он невесело и устало шагал по направлению к нашему кварталу, но, остановившись у одного старомодного ресторанчика, нерешительно взглянул на часы и вошел внутрь. Мне вдруг взбрело в голову последовать за ним. Он сидел за столиком мещанского заведения, хозяйка и официантки приветствовали его как завсегдатая, я тоже поздоровался и подсел к нему. Мы просидели там час, и за это время я выпил два стакана минеральной воды, а ему принесли поллитра, а потом еще четверть литра красного вина. Я сказал, что был на концерте, но он не поддержал этой темы. Прочитав этикетку на моей бутылке с водой, он спросил, не выпью ли я вина, которым он меня угостит. Когда он услыхал, что вина я вообще не пью, на лице его снова появилось выражение беспомощности, и он сказал:

— Да, вы правы. Я тоже годами жил в воздержании и подолгу постился, но сейчас я опять пребываю под знаком Водолея, это темный и влажный знак.

И когда я в шутку подхватил это замечание и нашел странным, что именно он верит в астрологию, он снова взял тот слишком вежливый тон, который меня часто обижал, и сказал:

— Совершенно верно, и в эту науку поверить я, к сожалению, не могу.

Я попрощался и ушел, а он вернулся домой лишь поздно ночью, но походка его не отличалась от обычной, и, как всегда, лег он в постель не сразу (все это я, благодаря соседству наших комнат, прекрасно слышал), а провел еще около часа в своей освещенной гостиной.

Помнится мне и другой вечер. Я был один дома, тетка куда-то ушла, позвонили у парадного, я отворил, увидел перед собой молодую, очень красивую даму и, когда она спросила господина Галлера, узнал ее: это была та, чья фотография висела у него в комнате. Я показал ей его дверь и удалился, она некоторое время пробыла наверху, но вскоре я услыхал, как они вместе спускаются по лестнице и выходят, оживленно и очень весело шутя и болтая. Меня очень удивило, что у нашего отшельника есть возлюбленная, и притом такая молодая, красивая и элегантная, и все мои догадки насчет него и его жизни опять под вопросом. Но не прошло и часа, как он вернулся домой, один, тяжелой, печальной поступью, с трудом поднялся по лестнице и потом часами тихо шагал по своей гостиной взад и вперед, совсем как волк в клетке, и всю ночь, почти до утра, в его комнате горел свет.

Я решительно ничего не знаю об этих отношениях и добавлю только, что с той женщиной видел его еще один раз, где-то на улице. Они шли под руку, и у него был счастливый вид, и я опять подивился тому, каким милым, даже детским могло быть порой его озабоченное, отрешенное лицо, и понял эту женщину, и понял участие, которое проявляла к нему моя тетка. Но и в тот день он вечером вернулся домой печальный и несчастный; я встретил его у парадного, он нес под пальто, как уже бывало, итальянскую бутылку, за которой и просидел потом полночи в своем логове. Мне было жаль его: какой он жил безотрадной, загубленной, беззащитной жизнью!

Хватит, однако, разглагольствовать. Не нужно никаких больше рассказов и описаний, чтобы показать, что Степной волк вел жизнь самоубийцы. И все же я не думаю, что он покончил с собой, когда вдруг, не попрощавшись, но погасив все задолженности, покинул наш город и исчез. Мы ничего о нем с тех пор не слыхали и все еще храним несколько писем, пришедших потом на его имя. Осталась от него только рукопись, написанная им, когда он здесь жил, — из нескольких строк, к ней приложенных, явствует, что он дарит ее мне и что я волен делать с ней что угодно.

Я не имел возможности проверить, насколько соответствуют действительности истории, о которых повествует рукопись Галлера. Не сомневаюсь, что они по большей части сочинены, но это не произвольный вымысел, а попытка выразить что-то, облекая глубоко пережитое душой в форму зримых событий. Фантастические отчасти истории в сочинении Галлера относятся, вероятно, к последней поре его пребывания здесь, и я не сомневаюсь, что основаны они и на некоторых подлинных внешних впечатлениях. В ту пору поведение и вид нашего гостя действительно изменились, он часто, иногда целыми ночами, не бывал дома, и книги его лежали нетронутые. Во время наших редких тогда встреч он казался поразительно оживленным и помолодевшим, иногда даже веселым. Потом, однако, сразу последовала новая тяжелая депрессия, он по целым дням оставался в постели, не принимая никакой пищи, и как раз на ту полосу пришлась бурная, можно сказать, грубая ссора с его вновь появившейся возлюбленной, ссора, которая всколыхнула весь дом и за которую Галлер на следующий день просил прощения у моей тетки.

Нет, я убежден, что он не покончил с собой. Он еще жив, он где-нибудь ходит усталыми своими ногами по лестницам чужих домов, разглядывает где-нибудь сверкающие паркеты и ухоженные араукарии, просиживает дни в библиотеках, а ночи в кабаках или валяется на диване, который взял напрокат, слышит, как живут за окнами люди и мир, знает, что он отрезан от них, но не накладывает на себя руки, ибо остаток веры твердит ему, что он должен испить душою до дна эту боль, эту страшную боль и что умереть он должен от этой боли. Я часто о нем думаю, он не облегчил мне жизнь, не был способен поддержать и утвердить во мне силу и радость, о нет, напротив!

Но я не он, и я живу не его жизнью, а своей, маленькой, мещанской, но безопасной и наполненной обязанностями. И мы вспоминаем о нем с мирным и дружеским чувством, я и моя тетушка, которая могла бы поведать о нем больше, чем я, но это останется скрыто в ее доброй душе.

Что касается записок Галлера, этих странных, отчасти болезненных, отчасти прекрасных и глубокомысленных фантазий, то должен сказать, что, попадись мне эти листки случайно и не знай я их автора, я бы их, конечно, с негодованием выбросил. Но благодаря знакомству с Галлером я смог их отчасти понять, даже одобрить. Я бы поостерегся открывать их другим, если бы видел в них лишь патологические фантазии какого-то одиночки, несчастного душевнобольного. Но я вижу в них нечто большее, документ эпохи, ибо душевная болезнь Галлера — это мне теперь ясно — не выверты какого-то одиночки, а болезнь самой эпохи, невроз того поколения, к которому принадлежит Галлер, и похоже, что неврозом этим охвачены не только слабые и неполноценные индивидуумы, отнюдь нет, а как раз сильные, наиболее умные и одаренные.

Нижеследующие записи — не важно, в какой мере основаны они на реальных событиях, — попытка преодолеть большую болезнь эпохи не обходным маневром, не приукрашиванием, а попыткой сделать самую эту болезнь объектом изображения. Они представляют собой, в полном смысле слова, сошествие в ад, то боязливое, то мужественное сошествие в хаос помраченной души, предпринятое с твердым намерением пройти через ад, помериться силами с хаосом, выстрадать все до конца.

Ключ к пониманию этого дало мне одно замечание Галлера. Однажды, после разговора о так называемых жестокостях Средневековья, он мне сказал:

— На самом деле это никакие не жестокости. У человека Средневековья весь уклад нашей нынешней жизни вызвал бы омерзение, он показался бы ему не то что жестоким, а ужасным и варварским! У каждой эпохи, у каждой культуры, у каждой совокупности обычаев и традиций есть свой уклад, своя, подобающая ей суровость и мягкость, своя красота и своя жестокость, какие-то страдания кажутся ей естественными, какое-то зло она терпеливо сносит. Настоящим страданием, адом человеческая жизнь становится только там, где пересекаются две эпохи, две культуры и две религии. Если бы человеку античности пришлось жить в Средневековье, он бы, бедняга, в нем задохнулся, как задохнулся бы дикарь в нашей цивилизации. Но есть эпохи, когда целое поколение оказывается между двумя эпохами, между двумя укладами жизни в такой степени, что утрачивает всякую естественность, всякую преемственность в обычаях, всякую защищенность и непорочность! Конечно, не все это чувствуют с одинаковой силой. Такой человек, как Ницше, выстрадал нынешнюю беду заранее, больше, чем на одно поколение, раньше других, — то, что он вынес в одиночестве, никем не понятый, испытывают сегодня тысячи.

Читая записки Галлера, я часто вспоминал эти слова. Галлер принадлежит к тем, кто оказался между двумя эпохами, кто ничем не защищен и навсегда потерял непорочность, к тем, чья судьба — ощущать всю сомнительность человеческой жизни с особенной силой как личную муку, как ад.

В этом, по-моему, состоит смысл, который имеют для нас его записи, и поэтому-то я и решился их опубликовать. Вообще же я не хочу ни брать их под защиту, ни судить о них, пусть каждый читатель сделает это, как велит ему совесть!

Записки Гарри Галлера

Только для сумасшедших

День прошел, как и вообще-то проходят дни, я убил, я тихо сгубил его своим примитивным и робким способом жить; несколько часов я работал, копался в старых книгах, в течение двух часов у меня были боли, как и вообще-то у пожилых людей, я принял порошок и порадовался, что удалось перехитрить боль, полежал в горячей ванне, вбирая в себя приятное тепло, трижды получил почту и просмотрел все ненужные мне письма и бандероли, проделал свои дыхательные упражнения, а умственные упражнения из лени сегодня отставил, часок погулял и увидел на небе прекрасные, нежные, редкостные узоры перистых облаков. Это было очень славно, так же как читать старые книги, как лежать в горячей ванне, но в общем день был совсем не чудесный, отнюдь не сиял счастьем и радостью, а был просто одним из этих давно уже обычных и привычных для меня дней — умеренно приятных, вполне терпимых, сносных, безликих дней пожилого недовольного господина, одним из этих дней без особых болей, без особых забот, без настоящего горя, без отчаяния, дней, когда даже вопрос, не пора ли последовать примеру Адальберта Штифтера и смертельно порезаться при бритье, разбирается деловито и спокойно, без волнения и страха.

Кто знает другие дни, скверные, с приступами подагры или с ужасной головной болью, гнездящейся за глазными яблоками и своим дьявольским колдовством превращающей из радости в муку всякую деятельность, для которой нужны зрение и слух, или те дни духовного умирания, те черные дни пустоты и отчаяния, когда среди разоренной и высосанной акционерными обществами земли человеческий мир и так называемая культура с их лживым, дешевым, мишурным блеском то и дело вызывают у нас тошноту, а самым несносным их средоточием становится наша собственная больная душа, — кто знает эти адские дни, тот очень доволен такими нормальными, половинчатыми днями, как сегодняшний, он благодарно сидит у теплой печки, благодарно отмечает, читая утреннюю газету, что и сегодня не вспыхнула война, не установилась новая диктатура, не вскрылось никакой особенной гадости в политике и экономике, он благодарно настраивает струны своей заржавленной лиры для сдержанного, умеренно радостного, почти веселого благодарственного псалма, которым нагоняет скуку на своего чуть приглушенного бромом половинчатого бога довольства, и в спертом воздухе этой довольной скуки, этой благодарности, безболезненности они оба, половинчатый бог, клюющий носом, и половинчатый человек, с легким ужасом поющий негромкий псалом, похожи друг на друга, как близнецы.

Прекрасная вещь — довольство, безболезненность, эти сносные, смирные дни, когда ни боль, ни радость не осмеливаются вскрикнуть, когда они говорят шепотом и ходят на цыпочках. Но со мной, к сожалению, дело обстоит так, что именно этого довольства я не выношу, оно быстро осточертевает мне, и я в отчаянии устремляюсь в другие температурные пояса, по возможности путем радостей, а на худой конец и с помощью болей. Стоит мне немного пожить без радости и без боли, подышать вялой и пресной сносностью так называемых хороших дней, как ребяческая душа моя наполняется безнадежной тоской, и я швыряю заржавленную лиру благодарения в довольное лицо сонного бога довольства, и жар самой лютой боли милей мне, чем эта здоровая комнатная температура. Тут во мне загорается дикое желание сильных чувств, сногсшибательных ощущений, бешеная злость на эту тусклую, мелкую, нормированную и стерилизованную жизнь, неистовая потребность разнести что-нибудь на куски, магазин, например, собор или себя самого, совершить какую-нибудь лихую глупость, сорвать парики с каких-нибудь почтенных идолов, снабдить каких-нибудь взбунтовавшихся школьников вожделенными билетами до Гамбурга, растлить девочку или свернуть шею нескольким представителям мещанского образа жизни. Ведь именно это я ненавидел и проклинал непримиримей, чем прочее, — это довольство, это здоровье, это прекраснодушие, этот благоухоженный оптимизм мещанина, это процветание всего посредственного, нормального, среднего.

Вот в каком настроении закончил я, когда стемнело, этот заурядный сносный день. Закончил я его не так, как то полагалось бы и было полезно человеку недомогающему: не лег в приготовленную постель, где меня, как приманка, ждала грелка, а выполнив свой небольшой, не принесший удовлетворения и опротивевший урок работы, уныло надел башмаки, пальто и в туманной темноте отправился в город, чтобы в гостинице «Стальной шлем» выпить то, что пьющие мужчины, по старому обычаю, называют «стаканчиком вина».

Итак, я стал спускаться из своей мансарды по лестницам, по этим трудным для подъема лестницам чужбины, лестницам благопристойного трехквартирного доходного дома, на чердаке которого находится моя келья. Не знаю, почему так получается, но я, безродный Степной волк, одинокий враг мещанского мира, живу всегда в самых что ни на есть мещанских домах, это моя старая слабость. Не во дворцах и не в пролетарских домах, а неукоснительно в этих благопристойных, скучнейших, содержащихся в безупречном порядке мещанских гнездах, где попахивает скипидаром и мылом, где пугаешься, если услышишь, что дверь парадного громко хлопнула, или если войдешь в грязных ботинках. Я люблю эту атмосферу, несомненно, со времен детства, и моя тайная тоска по какому-то подобию родины снова и снова безнадежно ведет меня этими старыми, глупыми путями. Да и нравится мне контраст между моей жизнью, моей одинокой, не знающей любви, затравленной, донельзя беспорядочной жизнью и этой семейно-мещанской сферой. Я люблю вдыхать на лестнице этот запах тишины, порядка, чистоты, благопристойности и обузданности, запах, в котором всегда, несмотря на свою ненависть к мещанству, нахожу что-то трогательное, люблю переступать затем порог собственной комнаты, где все это кончается, где среди нагроможденных книг валяются окурки сигар и стоят бутылки из-под вина, где все неуютно, все в беспорядке и запустении и где все — книги, рукописи, мысли — отмечено и пропитано бедой одиноких, трудностью человеческого бытия, тоской по новой осмысленности человеческой жизни, утратившей смысл.

И вот я миновал араукарию. На втором этаже этого дома лестница проходит мимо маленькой площадки перед квартирой, которая, несомненно, еще безупречнее, чище, прибраннее, чем другие, ибо эта площадочка сияет сверхчеловеческой ухоженностью, она — маленький светящийся храм порядка. На паркетном полу, ступить на который боишься, стоят здесь две изящные скамеечки, и на каждой — по большому горшку, в одном растет азалия, в другом — довольно-таки красивая араукария, здоровое, стройное деревце, совершенное в своем роде, каждая иголочка, каждая веточка промыта до блеска. Иной раз, когда знаю, что меня никто не видит, я пользуюсь этим местом как храмом, сажусь над араукарией на ступеньку, немного отдыхаю, складываю молитвенно руки и благоговейно гляжу вниз, на этот садик порядка, берущий меня за душу своим трогательным видом и смешным одиночеством. За этой площадкой, как бы под священной сенью араукарии, мне видится квартира, полная сверкающего красного дерева, видится жизнь, полная порядочности и здоровья, жизнь, в которой рано встают, исполняют положенные обязанности, умеренно весело справляют семейные праздники, ходят по воскресеньям в церковь и рано ложатся спать.

С наигранной бодростью шагал я по сырому асфальту улиц; слезясь и расплываясь, глядели огни фонарей сквозь холодную морось и высасывали тусклые отражения из мокрой земли. Мне вспомнились забытые годы юности — как любил я тогда такие темные и хмурые вечера поздней осени и зимы, как жадно в ту пору и опьяненно впитывал я в себя атмосферу одиночества и грусти, когда чуть ли не по целым ночам, в дождь и бурю, бродил, закутавшись в пальто, среди враждебной, оголенной природы, одинокий уже и в ту пору, но полный глубокого счастья и полный стихов, которые затем записывал при свете свечи, сидя на краю кровати у себя в комнатке! Что ж, это прошло, эта чаша была выпита и больше не наполнялась. Жалел ли я об этом? Нет, не жалел. Ничего не было жаль, что прошло. Жаль было моего сегодня, всех этих бесчисленных часов, которые я потерял, которые только вытерпел, которые не принесли мне ни подарков, ни потрясений. Но, слава Богу, исключения тоже бывали, бывали иногда, редко, правда, и другие часы, они приносили потрясения, приносили подарки, ломали стены и возвращали меня, заблудшего, к живой душе мирозданья. С грустью и все-таки с большим интересом попытался я вспомнить последнее впечатление такого рода. Это было на концерте, играли прекрасную старинную музыку, и между двумя тактами пиано деревянных духовых мне вдруг снова открылась дверь в потусторонний мир, я взлетел в небеса и увидел Бога за работой, я испытал блаженную боль и больше уже ни от чего на свете не защищался, больше уже ничего не боялся на свете, всему сказал «да», отдал свое сердце всему. Продолжалось это недолго, каких-нибудь четверть часа, но в ту ночь вернулось во сне и с тех пор нет-нет да поблескивало украдкой и в самые унылые дни, иногда я по несколько минут отчетливо это видел — как золотой божественный след, проходящий через мою жизнь: он почти всегда засыпан грязью и пылью, но вдруг опять вспыхнет золотыми искрами, и тогда кажется, что его уже нельзя потерять, а он вскоре опять пропадает. Однажды ночью, лежа без сна, я вдруг заговорил стихами, стихами слишком странными и прекрасными, чтобы мне пришло в голову их записать, а утром я их уже не помнил, но они затаились во мне, как тяжелый орех в старой, надтреснутой скорлупе. Иной раз это находило, когда я читал какого-нибудь поэта, когда задумывался над какой-нибудь мыслью Декарта, Паскаля, иной раз это вспыхивало и вело меня золотой нитью в небеса, когда я бывал с любимой. Увы, трудно найти этот божественный след внутри этой жизни, которую мы ведем, внутри этой, такой довольной, такой мещанской, такой бездуховной эпохи, при виде этой архитектуры, этих дел, этой политики, этих людей! Как же не быть мне Степным волком и жалким отшельником в мире, ни одной цели которого я не разделяю, ни одна радость которого меня не волнует! Я долго не выдерживаю ни в театре, ни в кино, не способен читать газеты, редко читаю современные книги, я не понимаю, какой радости ищут люди на переполненных железных дорогах, в переполненных отелях, в кафе, оглашаемых душной, назойливой музыкой, в барах и варьете элегантных, роскошных городов, на всемирных выставках, на праздничных гуляньях, на лекциях для любознательных, на стадионах — всех этих радостей, которые могли бы ведь быть мне доступны и за которые тысячи других бьются, я не понимаю, не разделяю. А то, что в редкие мои часы радости бывает со мной, то, что для меня — блаженство, событие, экстаз, воспарение, — это мир признает, ищет и любит разве что в поэзии, в жизни это кажется ему сумасшедшим, и в самом деле, если мир прав, если правы эта музыка в кафе, эти массовые развлечения, эти американизированные, довольные столь малым люди, значит, не прав я, значит, я — сумасшедший, значит, я и есть тот самый Степной волк, кем я себя не раз называл, зверь, который забрел в чужой непонятный мир и не находит себе ни родины, ни пищи, ни воздуха.

С этими привычными мыслями шел я дальше по мокрому асфальту, через один из наиболее тихих и старых кварталов города. Напротив, на другой стороне улицы, стояла в темноте старая серая каменная стена, на которую я всегда любил смотреть, такая старая, она всегда так беспечно стояла между маленькой церковью и старой больницей, днем взгляд мой часто отдыхал на ее неровной плоскости, ведь мало было таких тихих, славных, молчащих плоскостей в центре города, где на каждом квадратном метре выкрикивали свои имена то магазин, то адвокат, то изобретатель, то врач, то цирюльник или мозольных дел мастер. Старая эта стена и сейчас пребывала, я видел, в тишине и покое, но что-то в ней все-таки изменилось, я растерялся, когда вдруг увидел в середине ее красивые воротца со стрельчатым сводом, потому что не мог сказать, были ли они здесь всегда или появились теперь. Вид у них был, несомненно, старый-престарый; наверно, уже много веков тому назад эти запертые воротца с темной деревянной створкой вели в какой-нибудь сонный монастырский двор, да и сегодня, наверно, вели туда же, хотя от монастыря ничего не осталось, и, вероятно, я их сотни раз видел, но просто не замечал, может быть, их покрасили заново, и потому они бросились мне в глаза. Во всяком случае, я остановился и внимательно поглядел туда, но не перешел на ту сторону, очень уж раскисла мокрая мостовая; я стоял на тротуаре и только глядел туда, было уже очень темно, и мне показалось, что ворота украшены венком или чем-то пестрым. И, присмотревшись получше, я увидел над воротами светлую вывеску, на которой, так мне показалось, было что-то написано. Я напряг зрение и в конце концов, несмотря на грязь и на лужи, перешел на ту сторону. Тут я увидел над воротами, на серо-зеленой от старости стене, тускло освещенное пятно, по нему быстро бежали пестрые буквы, они сразу же исчезали, возвращались и вновь рассеивались. Ну вот, подумал я, теперь и эту старую славную стену испоганили световой рекламой! Между тем я разобрал несколько промелькнувших слов, прочесть их было трудно, приходилось больше догадываться, буквы появлялись неравномерно, очень бледные и чахлые, и очень скоро гасли. Человек, собиравшийся сделать на этом дельце, умением не отличался, он был степной волк, бедняга; почему он пустил свои буквы сюда, на эту стену, в самом темном закоулке старого города, в это время суток, да еще в дождь, когда здесь никто не ходит, и почему они такие летучие, такие воздушные, такие причудливые и неразборчивые? Но вот наконец-то мне удалось поймать несколько слов подряд, а именно:

Магический театр
Вход не для всех —
не для всех

Я попытался отворить ворота, тяжелая старая ручка не поддавалась, как я ни нажимал на нее. Игра букв кончилась, она прекратилась внезапно, с грустью поняв свою тщетность. Я сделал несколько шагов назад, влез в самую грязь, буквы больше не появлялись, игра их угасла, я долго стоял в грязи и ждал, но напрасно.

И вдруг, когда я перестал ждать и уже вернулся на тротуар, передо мной, отражаясь в мокром асфальте, мигнуло несколько букв.

Я прочел:

Только — — для — — сума — — сшедших!

Я промочил ноги и замерз, но еще долго простоял в ожидании. Ничего больше. И когда я все еще стоял и думал о том, как красиво мелькают блуждающие огоньки пестрых букв на влажной стене и в черном блеске асфальта, ко мне вдруг вернулся отрывок из моих прежних мыслей — сравнение с золотым светящимся следом, который вдруг теряется вдалеке.

Я замерз и пошел дальше, мечтая об этом следе, тоскуя по воротам в волшебный театр, открытый только для сумасшедших. Тем временем я вышел в район рынка, где не было недостатка в вечерних развлечениях, на каждом шагу здесь висели афиши и зазывали надписи: женская хоровая капелла — варьете — кино — танцы, но все это было не для меня, это было для «всех», для нормальных людей, которые и в самом деле везде, как я видел, толпами валили в подъезды. И все же моя грусть немного рассеялась, до меня все-таки дошел привет из другого мира, пляска нескольких цветных букв играла в моей душе и задела сокровенные струны, золотой след опять замерцал.

Я отыскал допотопный кабачок, где со времен первого моего приезда в этот город, лет двадцать пять тому назад, ничего не изменилось, и хозяйка, еще прежняя, и многие из нынешних гостей сидели здесь и тогда на тех же местах, за теми же стаканами. Я зашел в это скромное заведение, здесь было убежище. Всего-навсего, правда, такое же, как на лестнице перед араукарией, здесь тоже я не находил ни родины, ни общества, а находил лишь, как зритель, тихое место перед сценой, где чужие люди играли чужие пьесы, но даже и это тихое место чего-то стоило: ни многолюдья, ни гама, ни музыки, лишь несколько спокойных обывателей за непокрытыми деревянными столиками (ни мрамора, ни эмалированного металла, ни плюша, ни меди), и перед каждым — вечерний напиток, хорошее, добротное вино. Может быть, эти несколько завсегдатаев со сплошь знакомыми мне лицами были самые настоящие филистеры, и дома у них, в их филистерских квартирах, стояли скучные домашние алтари перед тупыми идолами довольства, а может быть, они были, как я, одинокими, сбившимися с пути забулдыгами, тихо и задумчиво топящими в вине свои обанкротившиеся идеалы, такими же степными волками и беднягами, как я; этого я не знал. Каждого из них тянула сюда какая-то ностальгия, какая-то разочарованность, какая-то потребность в замене, женатый искал здесь атмосферы своей холостяцкой поры, старый чиновник — отзвука своих студенческих лет, все они были довольно молчаливы, и все пили, предпочитая, как я, сидеть за бутылкой эльзасского, чем перед женской хоровой капеллой. Здесь я бросил якорь, здесь можно было продержаться час, а то и два. Пригубив эльзасского, я сразу почувствовал, что с самого утра еще ничего не ел.

Поразительно, чего только не может проглотить человек! Минут десять я читал какую-то газету, вводя в себя через глаза умишко какого-то безответственного субъекта, который пережевывает, а затем изрыгает чужие слова, смочив их слюной, но не переварив. Этого я съел целый столбец. А потом я сожрал изрядный кусок печенки, вырезанной из тела убитого теленка. Поразительно! Лучше всего было эльзасское. Я не люблю, во всяком случае в обычные дни, диких, буйных вин, ударяющих в голову и знаменитых своим особым вкусом. Милее всего мне совершенно чистые, легкие, скромные местные вина без каких-либо особых названий, их можно пить помногу, и они так приятно отдают сельским простором, землей, небом и лесом. Стакан эльзасского и ломоть хорошего хлеба — вот лучшая трапеза. Но я уже съел порцию печенки — с необычным удовольствием, вообще-то я редко ем мясо, — и передо мной стоял второй стакан. Поразительно было и то, что где-то в зеленых долах здоровые, славные люди возделывают виноград и выдавливают из него сок, чтобы в разных местах земли, далеко-далеко от них, какие-то разочарованные, тихо спивающиеся обыватели и растерянные степные волки взбадривались и оживлялись, осушая стаканы.

Ну что ж, пускай это и было поразительно! Это было хорошо, это помогало, оживление пришло. Словесная каша газетной статьи вызвала у меня запоздалый, но полный облегчения смех, и вдруг я опять вспомнил забытую мелодию того пиано, она, сверкая, поднялась во мне, как маленький мыльный пузырь, блеснула, уменьшенно и ярко отразив целый мир, и снова мягко распалась. Если эта небесная маленькая мелодия тайно пустила корни в моей душе и вдруг снова расцвела во мне всеми драгоценными красками прекрасного своего цветка, разве я погиб окончательно? Пусть я заблудший зверь, не понимающий мира, который его окружает, но какой-то смысл в моей дурацкой жизни все-таки был, что-то во мне отвечало на зов из далеких высот, что-то улавливало его, и в мозгу моем громоздились тысячи картин:

Сонмы ангелов Джотто с маленького церковного свода в Падуе, а рядом шествовали Гамлет и Офелия в венке, прекрасные символы всех печалей и всех недоразумений мира, стоя в горящем шаре, трубил в рог воздухоплаватель Джаноццо, Аттила Шмельцле нес в руке свою новую шляпу, Боробудур вздымал в небо гору своих изваяний. Не беда, что все эти прекрасные образы живут в тысячах других сердец, имелись еще десятки тысяч других, неизвестных картин и звуков, чьей родиной, чьим видящим оком и чутким ухом была единственно моя душа. Старая, обветшавшая больничная стена, в серо-зеленых пятнах, в щелях и ссадинах которой угадывались тысячи фресок, — кто дал ей ответ, кто впустил ее в свое сердце, кто любил ее, кто ощущал волшебство ее чахнущих красок? Старые книги монахов с мягко светящимися миниатюрами, книги немецких поэтов двухсотлетней и столетней давности, забытые их народом, все эти истрепанные, тронутые сыростью тома, печатные и рукописные страницы старинных музыкантов, плотные, желтоватые листы нотной бумаги с застывшими звуковыми виденьями — кто слышал их умные, их лукавые и тоскующие голоса, кто пронес в себе их дух и их волшебство через другую, охладевшую к ним эпоху? Кто вспоминал о том маленьком, упрямом кипарисе на горе над Губбио, который был сломлен и расколот лавиной, но все-таки сохранил жизнь и отрастил себе новую, пускай не столь густую вершину? Кто воздал должное рачительной хозяйке со второго этажа и ее вымытой до блеска араукарии? Кто читал ночью над Рейном облачные письмена ползущего тумана? Степной волк. А кто искал за развалинами своей жизни расплывшегося смысла, страдал от того, что на вид бессмысленно, жил тем, что на вид безумно, тайно уповал на откровение и близость Бога даже среди последнего сумбура и хаоса?

Я задержал в руке стакан, который хозяйка снова хотела наполнить, и поднялся. Довольно было вина. Золотой след блеснул, напомнив мне о вечном, о Моцарте, о звездах. Я снова мог какое-то время дышать, мог жить, смел существовать, мне не нужно было мучиться, бояться, стыдиться.

Моросящий дождь, разбрызгиваясь на холодном ветру, звякал о фонари и светился стеклянным блеском, когда я вышел на затихшую улицу. Куда теперь? Если бы в этот миг свершилось чудо и могло исполниться любое мое желание, передо мной сейчас оказался бы небольшой красивый зал в стиле Людовика Шестнадцатого, где несколько хороших музыкантов сыграли бы мне две-три пьесы Генделя и Моцарта. Сейчас это подошло бы к моему настроению, я смаковал бы эту холодную, благородную музыку, как боги нектар. О, если бы сейчас у меня был друг, друг в какой-нибудь чердачной клетушке, и он сидел бы, задумавшись, при свече, а рядом лежала бы его скрипка! Я прокрался бы в ночную его тишину, бесшумно пробрался бы по коленчатым лестницам, я застал бы его врасплох, и мы отпраздновали бы несколько неземных часов беседой и музыкой! Когда-то, в былые годы, я часто наслаждался этим счастьем, но и оно со временем удалилось и ушло от меня, между теми днями и нынешними пролегли увядшие годы.

Я неторопливо направился к дому, подняв воротник пальто и упирая трость в мокрую мостовую. Как бы медленно я ни шагал, все равно слишком скоро я сидел бы в своей мансарде, в этих мнимо родных стенах, которых не любил, но без которых не мог обойтись, ибо прошли времена, когда мне ничего не стоило прошататься зимой всю ночь под дождем. Что ж, так и быть, ничто, решил я, не испортит мне хорошего вечернего настроения, ни дождь, ни подагра, ни араукария, и пусть не было камерного оркестра и не предвиделось никакого одинокого друга со скрипкой, та дивная мелодия все-таки звучала во мне, и я мог, напевая вполголоса с ритмичными передышками, приблизительно ее воспроизвести. Я задумчиво шагал дальше. Нет, свет не сошелся клином ни на камерной музыке, ни на друге, и смешно было изводить себя бессильной тоской по теплу. Одиночество — это независимость, его я хотел и его добился за долгие годы. Оно было холодным, о да, но зато и тихим, удивительно тихим и огромным, как то холодное тихое пространство, где вращаются звезды.

Когда я проходил мимо какого-то ресторана с танцевальной площадкой, меня обдало лихорадочной джазовой музыкой, грубой и жаркой, как пар от сырого мяса. Я на минуту остановился; как ни сторонился я музыки этого рода, она всегда привлекала меня каким-то тайным очарованием. Джаз был мне противен, но он был в десять раз милей мне, чем вся нынешняя академическая музыка, своей веселой, грубой дикостью он глубоко задевал и мои инстинкты, он дышал честной, наивной чувственностью.

Минуту я постоял, принюхиваясь к кровавой, пронзительной музыке, злобно и жадно вбирая в себя атмосферу наполненных ею залов. Одна половина этой музыки, лирическая, была слащава, приторна, насквозь сентиментальна, другая половина была неистова, своенравна, энергична, однако обе половины наивно и мирно соединялись и давали в итоге нечто цельное. Это была музыка гибели, подобная музыка существовала, наверно, в Риме времен последних императоров. Конечно, в сравнении с Бахом, Моцартом и настоящей музыкой она была свинством — но свинством были все наше искусство, все наше мышление, вся наша мнимая культура, если сравнивать их с настоящей культурой. А музыка эта имела преимущество большой откровенности, простодушно-милого негритянства, ребяческой веселости. В ней было что-то от негра и что-то от американца, который у нас, европейцев, при всей своей силе, оставляет впечатление мальчишеской свежести, ребячливости. Станет ли Европа тоже такой? Идет ли она уже к этому? Не были ли мы, старые знатоки и почитатели прежней Европы, прежней настоящей музыки, прежней настоящей поэзии, не были ли мы просто глупым меньшинством заумных невротиков, которых завтра забудут и высмеют? Не было ли то, что мы называем «культурой», духом, душой, не было ли то, что мы называем прекрасным и священным, лишь призраком, не умерло ли давно то, что только нам, горстке дураков, кажется настоящим и живым? Может быть, оно вообще никогда не было настоящим и живым? Может быть, то, о чем хлопочем мы, дураки, было и всегда чем-то несбыточным?

Старый квартал города принял меня в свои стены, умершая, нереальная, стояла среди серой мглы маленькая церковь. Вдруг я вспомнил вечернее происшествие, загадочные сводчатые воротца, загадочную вывеску с глумливо плясавшими буквами. Какие там были надписи? «Вход не для всех». И еще: «Только для сумасшедших». Я испытующе взглянул на старую стену, тайно желая, чтобы волшебство началось снова, чтобы надпись пригласила меня, сумасшедшего, а воротца пропустили меня. Там, может быть, находилось то, чего я желал, там, может быть, играли мою музыку?

Темная каменная стена глядела на меня спокойно сквозь густой сумрак, замкнутая, глубоко погруженная в сон. И никаких ворот, никаких сводов, только темная, тихая стена без проема. Я с улыбкой пошел дальше, приветливо кивнув каменной кладке. «Спи спокойно, стена, я не стану тебя будить. Придет время, и они снесут тебя или облепят алчными призывами фирм, но ты еще здесь, ты еще прекрасна, тиха и мила мне».

Вынырнув из черной пропасти переулка вплотную передо мной, меня испугал какой-то прохожий, какой-то одинокий полуночник с усталой походкой, в кепке и синей блузе. На плече он нес шест с плакатом, а у живота, на ремне, лоток, какие бывают у ярмарочных разносчиков. Устало шагая передо мной, он не оборачивался ко мне, а то бы я поздоровался с ним и угостил его сигарой. При свете ближайшего фонаря я попытался прочесть его штандарт, его красный плакат на шесте, но тот качался, мне ничего не удалось разобрать. Тогда я окликнул его и попросил показать мне плакат. Он остановился и подержал свой шест немного прямее, и я смог прочесть пляшущие, шатающиеся буквы:

Анархистский вечерний аттракцион!
Магический театр!
Вход не для вс...

— Вас-то я и искал! — воскликнул я радостно. — Что это у вас за аттракцион? Где он будет? Когда?

Он уже снова шагал.

— Не для всех, — сказал он равнодушно, сонным голосом, продолжая шагать. С него было довольно, ему хотелось домой.

— Постойте! — крикнул я и побежал за ним. — Что там у вас в ящике? Я готов что-нибудь купить.

Не останавливаясь, он машинально полез в свой ящик, извлек оттуда какую-то книжечку и протянул мне. Я быстро схватил ее и спрятал. Пока я расстегивал пальто, чтобы достать деньги, он свернул в какую-то подворотню, закрыл за собой ворота и исчез. Из двора донеслись его тяжелые шаги, сперва по булыжнику, потом по деревянной лестнице, а потом ничего не было слышно. И вдруг я тоже очень устал и почувствовал, что уже очень поздно и что хорошо бы сейчас вернуться домой. Я зашагал быстрее и вскоре, пройдя через спящую окраину, вышел в свой район, где среди парка, разбитого на месте старого городского вала, в опрятных доходных домиках за газончиками и плющом живут чиновники и мелкие рантье. Мимо плющa, мимо газона, мимо маленькой елочки я прошел к входной двери, нашел замочную скважину, нашел кнопку освещения, прокрался мимо стеклянных дверей, мимо полированных шкафов и горшков с растениями и отпер свою комнату, свою маленькую мнимую родину, где меня ждали кресло и печка, чернильница и этюдник, Новалис и Достоевский, ждали так, как ждут других, правильных людей, когда те приходят домой, мать или жена, дети, служанки, собаки, кошки.

Когда я снимал мокрое пальто, та книжечка опять попалась мне на глаза. Я вынул ее, это была тонкая, скверно напечатанная на скверной бумаге ярмарочная брошюрка, типа книжечек «Родившимся в январе» или «Как за восемь дней помолодеть на двадцать лет?».

Но, устроившись в кресле и надев очки, я изумленно, с мелькнувшим вдруг чувством, что это сама судьба, прочел на обложке своей книжонки ее заглавие: «Трактат о Степном волке. Не для всех».

И вот каково было содержание брошюрки, которую я со всевозрастающим интересом прочитал одним духом:

Трактат о Степном волке
Только для сумасшедших

Жил некогда некто по имени Гарри, по прозвищу Степной волк. Он ходил на двух ногах, носил одежду и был человеком, но по сути он был степным волком. Он научился многому из того, чему способны научиться люди с соображением, и был довольно умен. Но не научился он одному: быть довольным собой и своей жизнью. Это ему не удалось, он был человек недовольный. Получилось так, вероятно, потому, что в глубине души он всегда знал (или думал, что знает), что по сути он вовсе не человек, а волк из степей. Умным людям вольно спорить о том, был ли он действительно волком, был ли он когда-нибудь, возможно еще до своего рождения, превращен какими-то чарами в человека из волка или родился человеком, но был наделен и одержим душою степного волка, или же эта убежденность в том, что по сути он волк, была лишь плодом его воображения или болезни. Ведь можно допустить, например, что в детстве этот человек был дик, необуздан и беспорядочен, что его воспитатели пытались убить в нем зверя и тем самым заставили его вообразить и поверить, что на самом деле он зверь, только скрытый тонким налетом воспитания и человечности. Об этом можно долго и занимательно рассуждать, можно даже писать книги на эту тему; но Степному волку такие рассуждения ничего не дали бы, ему было решительно все равно, что именно пробудило в нем волка — колдовство ли, побои или его собственная фантазия. Что бы ни думали об этом другие и что бы он сам об этом ни думал, все это не имело для него никакого значения, потому что вытравить волка из него не могло.

Итак, у Степного волка было две природы, человеческая и волчья, такова была его судьба, судьба, возможно, не столь уж особенная и редкая. Встречалось уже, по слухам, немало людей, в которых было что-то от собаки или от лисы, от рыбы или от змеи, но они будто бы не испытывали из-за этого никаких неудобств. У этих людей человек и лиса, человек и рыба жили бок о бок, не ущемляя друг друга, они даже помогали друг другу, и люди, которые далеко пошли и которым завидовали, часто бывали обязаны своим счастьем скорее лисе или обезьяне, чем человеку. Это ведь общеизвестно. А с Гарри дело обстояло иначе, человек и волк в нем не уживались и уж подавно не помогали друг другу, а всегда находились в смертельной вражде, и один только изводил другого, а когда в одной душе и в одной крови сходятся два заклятых врага, жизнь никуда не годится. Что ж, у каждого своя доля, и легкой ни у кого нет.

Хотя наш Степной волк чувствовал себя то волком, то человеком, как все, в ком смешаны два начала, особенность его заключалась в том, что, когда он был волком, человек в нем всегда занимал выжидательную позицию наблюдателя и судьи, — а во времена, когда он был человеком, точно так же поступал волк. Например, если Гарри, поскольку он был человеком, осеняла прекрасная мысль, если он испытывал тонкие, благородные чувства или совершал так называемое доброе дело, то волк в нем сразу же скалил зубы, смеялся и с кровавой издевкой показывал ему, до чего смешон, до чего не к лицу весь этот благородный спектакль степному зверю, волку, который ведь отлично знает, что ему по душе, а именно — рыскать в одиночестве по степям, иногда лакать кровь или гнаться за волчицей, — и любой человеческий поступок, увиденный глазами волка, делался тогда ужасно смешным и нелепым, глупым и суетным. Но в точности то же самое случалось и тогда, когда Гарри чувствовал себя волком и вел себя как волк, когда он показывал другим зубы, когда испытывал ненависть и смертельную неприязнь ко всем людям, к их лживым манерам, к их испорченным нравам. Тогда в нем настораживался человек, и человек следил за волком, называл его животным и зверем, и омрачал, и отравлял ему всякую радость от его простой, здоровой и дикой волчьей повадки.

Вот как обстояло дело со Степным волком, и можно представить себе, что жизнь у Гарри была не очень-то приятная и счастливая. Но это не значит, что он был несчастлив в какой-то особенной мере (хотя ему самому так казалось, ведь каждый человек считает страдания, выпавшие на его долю, величайшими). Так не следует говорить ни об одном человеке. И тот, в ком нет волка, не обязательно счастлив поэтому. Да и у самой несчастливой жизни есть свои светлые часы и свои цветики счастья среди песка и камней. Так было и со Степным волком. Большей частью он бывал очень несчастлив, этого нельзя отрицать, и делал несчастными других — когда он любил их, а они его. Ведь все, кому случалось его полюбить, видели лишь одну его сторону. Многие любили его как тонкого, умного и самобытного человека и потом, когда вдруг обнаруживали в нем волка, ужасались и разочаровывались. А не обнаружить они не могли, ибо Гарри, как всякий, хотел, чтобы его любили всего целиком, и потому не мог скрыть, спрятать за ложью волка именно от тех, чьей любовью он дорожил. Но были и такие, которые любили в нем именно волка, именно свободу, дикость, опасную неукротимость, и их он опять-таки страшно разочаровывал и огорчал, когда вдруг оказывалось, что этот дикий, злой волк — еще и человек, еще и тоскует по доброте и нежности, еще и хочет слушать Моцарта, читать стихи и иметь человеческие идеалы. Именно эти вторые испытывали обычно особенное разочарование и особенную злость, и потому Степной волк вносил собственную двойственность и раздвоенность также и во все чужие судьбы, которые он задевал.

Но кто полагает, что знает Степного волка и способен представить себе его жалкую, растерзан-

ную противоречиями жизнь, тот ошибается, он знает еще далеко не все. Он не знает, что (ведь нет правил без исключений, и один грешник при случае милей Богу, чем девяносто девять праведников) у Гарри тоже бывали счастливые исключения, что в нем иногда волк, а иногда человек дышал, думал и чувствовал в полную свою силу, что порой даже, в очень редкие часы, они заключали мир и жили в добром согласии, причем не просто один спал, когда другой бодрствовал, а оба поддерживали друг друга и каждый делал другого вдвое сильней. Иногда и в жизни Гарри, как везде в мире, все привычное, будничное, знакомое и регулярное имело, казалось, единственной целью передохнуть на секунду, прерваться и уступить место чему-то необычайному, чуду, благодати. А облегчали, а смягчали ли эти короткие, редкие часы счастья лихую долю Степного волка, уравновешивались ли на круг страдание и счастье, или короткое, но сильное счастье тех немногих часов, чего доброго, даже перекрывало всю совокупность страданий — это уже другой вопрос, над которым вольно размышлять людям праздным. Размышлял над ним часто и Степной волк, и это были его праздные и бесполезные дни.

Тут надо сделать еще одно замечание. Людей типа Гарри на свете довольно много, к этому типу принадлежат, в частности, многие художники. Все эти люди заключают в себе две души, два существа, божественное начало и дьявольское, материнская и отцовская кровь, способность к счастью и способность к страданию смешались и перемешались в них так же враж-

дебно и беспорядочно, как человек и волк в Гарри. И эти люди, чья жизнь весьма беспокойна, ощущают порой, в свои редкие мгновения счастья, такую силу, такую невыразимую красоту, пена мгновенного счастья вздымается порой настолько высоко и ослепительно над морем страдания, что лучи от этой короткой вспышки счастья доходят и до других и их околдовывают. Так, драгоценной летучей пеной над морем страдания возникают все те произведения искусства, где один страдающий человек на час поднялся над собственной судьбой до того высоко, что его счастье сияет, как звезда, и всем, кто видит это сиянье, кажется чем-то вечным, кажется их собственной мечтой о счастье. У всех этих людей, как бы ни назывались их деяния и творения, жизни, в сущности, вообще нет, то есть их жизнь не представляет собой бытия, не имеет определенной формы, они не являются героями, художниками, мыслителями в том понимании, в каком другие являются судьями, врачами, сапожниками или учителями, нет, жизнь их — это вечное, мучительное движенье и волненье, она несчастна, она истерзана и растерзана, она ужасна и бессмысленна, если не считать смыслом как раз те редкие события, деяния, мысли, творения, которые вспыхивают над хаосом такой жизни. В среде людей этого типа возникла опасная и страшная мысль, что, может быть, вся жизнь человеческая — просто злая ошибка, выкидыш праматери, дикий, ужасающе неудачный эксперимент природы. Но в их же среде возникла и другая мысль — что человек, может быть, не просто животное, наделенное известным разумом, а дитя богов, которому суждено бессмертие.

У каждого типа людей есть свои признаки, свои отличительные черты, у каждого — свои добродетели и пороки, у каждого — свой смертный грех. Один из признаков Степного волка состоял в том, что он был человек вечерний. Утро было для него скверным временем суток, которого он боялся и которое никогда не приносило ему ничего хорошего. Ни разу в жизни он не был утром по-настоящему весел, ни разу не сделал в предполуденные часы доброго дела, по утрам ему никогда не приходило в голову хороших мыслей, ни разу не доставил он утром радость себе и другим. Лишь во второй половине дня он понемногу теплел и оживлялся и лишь к вечеру, в хорошие свои дни, бывал плодовит, деятелен, а иногда горяч и радостен. С этим и была связана его потребность в одиночестве и независимости. Никто никогда не испытывал более страстной потребности в одиночестве, чем он. В юности, когда он был еще беден и с трудом зарабатывал себе на хлеб, он предпочитал голодать и ходить в лохмотьях, но зато иметь хоть чуточку независимости. Он никогда не продавал себя ни за деньги, ни за благополучие, ни женщинам, ни сильным мира сего и, чтобы сохранить свою свободу, сотни раз отвергал и отметал то, в чем все видели его счастье и выгоду. Ничто на свете не было ему ненавистнее и страшнее, чем мысль, что он должен занимать какую-то должность, как-то распределять день и год, подчиняться другим. Контора, канцеля-

рия, служебное помещение были ему страшны, как смерть, и самым ужасным, что могло ему присниться, был плен казармы. От всего этого он умел уклоняться, часто ценой больших жертв. Тут сказывались его сила и достоинство, тут он был несгибаем и неподкупен, тут его нрав был тверд и прямолинеен. Однако с этим достоинством были опять-таки теснейшим образом связаны его страдания и его судьба. С ним происходило то, что происходит со всеми: то, чего он искал и к чему стремился самыми глубокими порывами своего естества, — это выпадало ему на долю, но в слишком большом количестве, которое уже не идет людям на благо. Сначала это было его мечтой и счастьем, потом стало его горькой судьбой. Властолюбец погибает от власти, сребролюбец — от денег, раб — от рабства, искатель наслаждений — от наслаждений. Так и Степной волк погибал от своей независимости. Он достиг своей цели, он становился все независимее, никто ему ничего не мог приказать, ни к кому он не должен был приспосабливаться, как ему вести себя, определял только он сам. Ведь любой сильный человек непременно достигает того, чего велит ему искать настоящий порыв его естества. Но среди достигнутой свободы Гарри вдруг ощутил, что его свобода — это смерть, что он в одиночестве, что мир каким-то зловещим образом оставил его в покое, что ему, Гарри, больше дела нет до людей и даже до самого себя, что он медленно задыхается во все более разреженном воздухе одиночества и изоляции. Оказалось, что быть одному и быть не-

зависимым — это уже не его желание, не его цель, а его жребий, его участь, что волшебное желание задумано и отмене не подлежит, что он ничего уже не поправит, как бы ни простирал руки в тоске, как бы ни выражал свою добрую волю и готовность к общению и единению. Теперь его оставили одного. При этом он вовсе не вызывал ненависти и не был противен людям. Напротив, у него было очень много друзей. Многим он нравился. Но находил он только симпатию и приветливость, его приглашали, ему дарили подарки, писали милые письма, но сближаться с ним никто не сближался, единения не возникало нигде, никто не желал и не был способен делить с ним его жизнь. Его окружал теперь воздух одиноких, та тихая атмосфера, то ускользание среды, та неспособность к контактам, против которых бессильна и самая страстная воля. Такова была одна из важных отличительных черт его жизни.

Другой отличительной чертой была его принадлежность к самоубийцам. Тут надо заметить, что неверно называть самоубийцами только тех, кто действительно кончает с собой. Среди этих последних много даже таких, которые становятся самоубийцами лишь, так сказать, случайно, ибо самоубийство не обязательно вытекает из их внутренних задатков. Среди людей, не являющихся ярко выраженными личностями, людей неяркой судьбы, среди дюжинных и стадных людей многие хоть и кончают с собой, но по всему своему характеру и складу отнюдь не принадлежат к типу самоубийц, и опять-таки очень многие, пожалуй, большинство из тех, кто по сути своей относится к самоубийцам, на самом деле никогда не накладывают на себя руки. «Самоубийца» — а Гарри был им — не обязательно должен жить в особенно тесном общении со смертью, так можно жить и самоубийцей не будучи. Но самоубийце свойственно то, что он смотрит на свое «я» — не важно, по праву или не по праву — как на какое-то опасное, ненадежное и незащищенное порождение природы, что он кажется себе чрезвычайно незащищенным, словно стоит на узкой вершине скалы, где достаточно маленького внешнего толчка или крошечной внутренней слабости, чтобы упасть в пустоту. Судьба людей этого типа отмечена тем, что самоубийство для них — наиболее вероятный вид смерти, по крайней мере в их представлении. Причиной этого настроения, заметного уже в ранней юности и сопровождающего этих людей всю жизнь, не является какая-то особенная нехватка жизненной силы, напротив, среди «самоубийц» встречаются необыкновенно упорные, жадные, да и отважные натуры. Но подобно тому, как есть люди, склонные при малейшем заболевании к жару, люди, которых мы называем «самоубийцами» и которые всегда очень впечатлительны и чувствительны, склонны при малейшем потрясении вовсю предаваться мыслям о самоубийстве. Если бы у нас была наука, обладающая достаточным мужеством и достаточным чувством ответственности, чтобы заниматься человеком, а не просто механизмами жизненных процессов, если бы у нас было что-то похожее на антропологию, на психологию, то об этих фактах знали бы все.

Сказанное нами о самоубийцах касается, конечно, лишь внешнего аспекта, это психология, а значит, область физики. С метафизической точки зрения дело выглядит иначе и гораздо яснее, ибо при таком подходе к нему «самоубийцы» предстают нам одержимыми чувством вины за свою обособленность, предстают душами, видящими свою цель не в самоусовершенствовании и собственном совершенстве, а в саморазрушении, в возврате к матери, к Богу, к вселенной. Очень многие из этих натур совершенно не способны совершить когда-либо реальное самоубийство, потому что глубоко прониклись сознанием его греховности. Но для нас они все же самоубийцы, ибо избавление они видят в смерти, а не в жизни и готовы пожертвовать, поступиться собой, уничтожить себя и вернуться к началу.

Если всякая сила может (а иногда и должна) обернуться слабостью, то типичный самоубийца может, наоборот, превратить свою кажущуюся слабость в опору и силу, да и делает это куда как часто. Пример тому и Гарри, Степной волк. Как и для тысяч ему подобных, мысль, что он волен умереть в любую минуту, была для него не просто юношески грустной игрой фантазии, нет, в этой мысли он находил опору и утешение. Да, как во всех людях его типа, каждое потрясение, каждая боль, каждая скверная житейская ситуация сразу же пробуждали в нем желание избавиться от них с помощью смерти. Но постепенно он выработал из этой своей склонности философию, прямо-таки полезную для жизни. Интимное знакомство с мыслью, что этот запасной выход всегда открыт, давало ему силы, наделяло его любопытством к болям и невзгодам, и, когда ему приходилось весьма туго, он порой думал с жестокой радостью, с каким-то злорадством: «Любопытно поглядеть, что способен человек вынести! Ведь когда терпение дойдет до предела, мне стоит только отворить дверь, и меня поминай как звали». Есть очень много самоубийц, которым эта мысль придает необычайную силу.

С другой стороны, всем самоубийцам знакома борьба с соблазном покончить самоубийством. Каким-то уголком души каждый знает, что самоубийство хоть и выход, но все-таки немного жалкий и незаконный запасной выход, что, в сущности, красивей и благородней быть сраженным самой жизнью, чем своей же рукой. Это знание, эта неспокойная совесть, имеющая тот же источник, что и нечистая совесть онанистов, толкает большинство «самоубийц» на постоянную борьбу с их соблазном. Они борются, как борется клептоман со своим пороком. Степному волку тоже была знакома эта борьба, он вел ее, многократно меняя оружие. В конце концов, дожив лет до сорока семи, он напал на одну счастливую и не лишенную юмора мысль, которая часто доставляла ему радость. Он решил, что его пятидесятый день рождения будет тем днем, когда он позволит себе покончить с собой. В этот день, так он положил себе, ему будет вольно воспользоваться или не воспользоваться запасным выходом, в зависимости от настроения. И пусть с ним случится что угодно, пусть он заболеет, обеднеет, пусть на него обрушатся страдания и горе — все ограничено сроком, все может длиться максимум эти несколько лет, месяцев, дней, а их число с каждым днем становится меньше! И правда, теперь он куда легче переносил всякие неприятности, которые раньше мучили бы его сильнее и дольше, а то бы и подкосили под корень. Когда ему почему-либо приходилось особенно скверно, когда к пустоте, одиночеству и дикости его жизни прибавлялись еще какие-нибудь особые боли или потери, он мог сказать этим болям: «Погодите, еще два года, и я с вами совладаю!» И потом любовно представлял себе, как утром, в день его пятидесятилетия, придут письма и поздравления, а он, уверенный в своей бритве, простится со всеми болями и закроет за собой дверь. Хороши тогда будут ломота в костях, грусть, головная боль и рези в желудке.

Остается еще объяснить феномен Степного волка и, в частности, его своеобразное отношение к мещанству, сведя оба явления к их основным законам. Возьмем за исходную точку, поскольку это напрашивается само собой, как раз его отношение к «мещанской» сфере!

По собственному его представлению, Степной волк пребывал совершенно вне мещанского мира, поскольку не вел семейной жизни и не знал социального честолюбия. Он чувствовал себя только одиночкой, то странным нелюдимом, больным отшельником, то из ряда вон выходящей личностью с задатками гения, стоящей выше маленьких норм заурядной жизни. Он сознательно презирал мещанина и гордился тем, что таковым не является. И все же в некоторых отношениях он жил вполне по-мещански: имел текущий счет в банке и помогал бедным родственникам, одевался хоть и небрежно, но прилично и неброско, старался ладить с полицией, налоговым управлением и прочими властями. А кроме того, какая-то сильная, тайная страсть постоянно влекла его к мещанскому мирку, к тихим, приличным семейным домам с их опрятными садиками, сверкающими чистотой лестницами, со всей их скромной атмосферой порядка и благопристойности. Ему нравилось иметь свои маленькие пороки и причуды, чувствовать себя посторонним в мещанской среде, каким-то отшельником или гением, но он никогда не жил и не селился в тех, так сказать, провинциях жизни, где мещанства уже не существует. Он не чувствовал себя свободно ни в среде людей исключительных, пускающих в ход силу, ни среди преступников или бесправных и не покидал провинции мещан, с нормами и духом которой всегда был связан, даже если эта связь и выражалась в противопоставлении и бунте. Кроме того, он вырос в атмосфере мелкобуржуазного воспитания и вынес оттуда множество представлений и шаблонов. Теоретически он ничего не имел против проституции, но лично был не способен принять проститутку всерьез и действительно отнестись к ней как к равной. Политического преступника, бунтаря или духовного совратителя, которого бойкотировали государство и общество, он мог полюбить как брата, но для какого-нибудь вора, взломщика, убийцы, садиста у него не нашлось бы ничего, кроме довольно-таки мещанской жалости.

Таким образом, одной половиной своего естества он всегда признавал и утверждал то, что другой половиной оспаривал и отрицал. Выросши в ухоженном мещанском доме, в строгом соблюдении форм и обычаев, он частью своей души навсегда остался привязан к порядкам этого мира, хотя давно уже обособился в такой мере, которая внутри мещанства немыслима, и давно уже освободился от сути мещанского идеала и мещанской веры.

«Мещанство» же, всегда наличное людское состояние, есть не что иное, как попытка найти равновесие, как стремление к уравновешенной середине между бесчисленными крайностями и полюсами человеческого поведения. Если взять для примера какие-нибудь из этих полюсов, скажем, противоположность между святым и развратником, то наше уподобление сразу станет понятно. У человека есть возможность целиком отдаться духовной жизни, приблизиться к божественному началу, к идеалу святого. Есть у него, наоборот, и возможность целиком отдаться своим инстинктам, своим чувственным желаниям и направить все свои усилия на получение мгновенной радости. Один путь ведет к святому, к мученику духа, к самоотречению во имя Бога. Другой путь ведет к развратнику, к мученику инстинктов, к самоотречению во имя тлена. Так вот, мещанин пытается жить между обоими путями, в умеренной середине. Он никогда не отречется от себя, не отдастся ни опьянению, ни аскетизму,

никогда не станет мучеником, никогда не согласится со своей гибелью, — напротив, его идеал — не самоотречение, а самосохранение, он не стремится ни к святости, ни к ее противоположности, безоговорочность, абсолютность ему нестерпимы, он хочет служить Богу, но хочет служить и опьянению, он хочет быть добродетельным, но хочет и пожить на земле в свое удовольствие. Короче говоря, он пытается осесть посредине между крайностями, в умеренной и здоровой зоне, без яростных бурь и гроз, и это ему удается, хотя и ценой той полноты жизни и чувств, которую дает стремление к безоговорочности, абсолютности, крайности. Жить полной жизнью можно лишь ценой своего «я». А мещанин ничего не ставит выше своего «я» (очень, правда, недоразвитого). Ценой полноты, стало быть, он добивается сохранности и безопасности, получает вместо одержимости Богом спокойную совесть, вместо наслаждения удовольствие, вместо свободы удобство, вместо смертельного зноя приятную температуру. Поэтому мещанин по сути своей — существо со слабым импульсом к жизни, трусливое, боящееся хоть сколько-нибудь поступиться своим «я», легко управляемое. Потому-то он и поставил на место власти большинство, на место силы закон, на место ответственности процедуру голосования.

Ясно, что это слабое и трусливое существо, как бы многочисленны ни были его особи, не может уцелеть, что из-за своих качеств оно не должно играть в мире иной роли, чем роль стада ягнят среди рыщущих волков. И все же мы видим, что, хотя во време-

на, когда правят натуры сильные, мещанина сразу же припирают к стене, он тем не менее никогда не погибает, а порой даже вроде бы и владычествует над миром. Как же так? Ни многочисленность его стада, ни добродетель, ни здравый смысл, ни организация не в состоянии, казалось бы, спасти его от гибели. Тому, чьи жизненные силы с самого начала подорваны, не продлит жизнь никакое лекарство на свете. И все-таки мещанство живет, оно могуче, оно процветает. Почему?

Ответ: благодаря Степным волкам. На самом деле жизненная сила мещанства держится вовсе не на свойствах нормальных его представителей, а на свойствах необычайно большого числа аутсайдеров, которых оно, мещанство, вследствие расплывчатости и растяжимости своих идеалов, включает в себя. Внутри мещанства всегда живет множество сильных и диких натур. Наш Степной волк Гарри — характерный пример тому. Хотя развитие в нем индивидуальности, личности ушло далеко за доступный мещанину предел, хотя блаженство самосозерцания знакомо ему не меньше, чем мрачная радость ненависти и самоненавистничества, хотя он презирает закон, добродетель и здравый смысл, он все-таки пленник мещанства и вырваться из плена не может. Таким образом, настоящее мещанство окружено, как ядро, широкими слоями человечества, тысячами жизней и умов хоть и переросших мещанство, хоть и призванных не признавать оговорок, воспарить к абсолюту, но привязанных к мещанской сфере инфантиль-

ными чувствами, но ощутимо зараженных подорванностью ее жизненной силы, а потому как-то закосневших в мещанстве, как-то подчиненных, чем-то обязанных и в чем-то покорных ему. Ибо мещанство придерживается принципа, противоположного принципу великих, — «Кто не против меня, тот за меня».

Если рассмотреть с этой точки зрения душу Степного волка, то он предстает человеком, которому уже, как индивидуальности, как яркой личности, написано на роду быть немещанином — ведь всякая яркая индивидуальность оборачивается против собственного «я» и склоняется к его разрушению. Мы видим, что он наделен одинаково сильными импульсами и к тому, чтобы стать святым, и к тому, чтобы стать развратником, но что из-за какой-то слабости или косности не смог махнуть в дикие просторы вселенной, не преодолел притяжения тяжелой материнской звезды мещанства. Таково его положение в мироздании, такова его скованность. Большинство интеллигентов, подавляющая часть художников принадлежит к этому же типу. Лишь самые сильные из них вырываются в космос из атмосферы мещанской земли, а все другие сдаются или идут на компромиссы, презирают мещанство и все же принадлежат к нему, укрепляют и прославляют его, потому что в конечном счете вынуждены его утверждать, чтобы как-то жить. Трагизм этим бесчисленным людям не по плечу, по плечу им, однако, довольно-таки злосчастная доля, в аду которой довариваются до готовности и начинают приносить плоды их таланты. Те немно-

гие, что вырываются, достигают абсолюта и достославно гибнут, они трагичны, число их мало. Другим же, не вырвавшимся, чьи таланты мещанство часто высоко чтит, открыто третье царство, призрачный, но суверенный мир — юмор. Беспокойные Степные волки, эти вечные горькие страдальцы, которым не дано необходимой для трагизма, для прорыва в звездный простор мощи, которые чувствуют себя призванными к абсолютному, а жить в абсолютном не могут, — у них, если их дух закалился и стал гибок в страданиях, есть примирительный выход в юмор. Юмор всегда остается в чем-то мещанским, хотя настоящий мещанин не способен его понять. В его призрачной сфере осуществляется запутанно-противоречивый идеал всех Степных волков: здесь можно не только одобрить и святого, и развратника одновременно, сблизить полюса, но еще и распространить это одобрение на мещанина. Ведь человек, одержимый Богом, вполне может одобрить преступника — и наоборот, но оба они, да и все люди абсолютных, безоговорочных крайностей, не могут одобрить нейтральную, вялую середину, мещанство, один только юмор, великолепное изобретение тех, чей максимализм скован, кто почти трагичен, кто несчастен и при этом очень одарен, один только юмор (самое, может быть, самобытное и гениальное достижение человечества) совершает невозможное, охватывая и объединяя лучами своих призм все области человеческого естества. Жить в мире, словно это не мир, уважать закон и все же стоять выше его, обладать, «как бы не обладая», отказывать-

ся, словно это никакой не отказ, — выполнить все эти излюбленные и часто формулируемые требования высшей житейской мудрости способен один лишь юмор.

И если бы только Степному волку, у которого есть к тому и способность, и склонность, удалось выпарить, удалось выгнать из себя этот волшебный напиток, он, Степной волк, был бы спасен. До такой удачи ему еще далеко. Но возможность, но надежда есть. Кто его любит, кто участлив к нему, пусть пожелает ему этого спасения. Тогда он, правда, застыл бы в мещанской сфере, но его страдания были бы терпимы, стали бы плодотворны. Его отношение к мещанскому миру и в любви, и в ненависти потеряло бы сентиментальность, и его связанность с этим миром перестала бы постоянно мучить его как что-то позорное.

Чтобы достичь этого или наконец, может быть, отважиться все-таки на прыжок в космос, такому Степному волку следовало бы однажды устроить очную ставку с самим собой, глубоко заглянуть в хаос собственной души и полностью осознать самого себя. Тогда его сомнительное существование открылось бы ему во всей своей неизменности, и впредь он уже не смог бы то и дело убегать из ада своих инстинктов к сентиментально-философским утешениям, а от них снова в слепую и пьяную одурь своего волчьего естества. Человек и волк вынуждены были бы познать друг друга без фальсифицирующих масок эмоций, вынуждены были бы прямо посмотреть друг другу в глаза. Тут они либо взорвались бы и навсегда разошлись, либо у них появился бы юмор и они вступили бы в брак по расчету.

Не исключено, что когда-нибудь Гарри представится эта последняя возможность. Не исключено, что когда-нибудь он сумеет познать себя — получив ли одно из наших маленьких зеркал, встретившись ли с Бессмертными или, может быть, найдя в одном из наших магических театров то, что необходимо ему для освобождения его одичавшей души.

Тысячи таких возможностей его ждут, его судьба непреодолимо влечет их, все эти аутсайдеры мещанства живут в атмосфере этих магических возможностей. Достаточно пустяка, чтобы ударила молния.

И все это хорошо известно Степному волку, даже если ему никогда не попадется на глаза этот контур его внутренней биографии. Он чувствует свое положение в мироздании, он чувствует и знает Бессмертных, он чувствует возможность встречи с собой и боится ее, он знает о существовании зеркала, взглянуть в которое ему, увы, так надо бы, взглянуть в которое он так смертельно боится.

В заключение нашего этюда остается развеять одну последнюю фикцию, один принципиальный обман. Всякие «объяснения», всякая психология, всякие попытки понимания нуждаются ведь во вспомогательных средствах, теориях, мифологиях, лжи; и порядочный автор не преминет развеять по возможности эту ложь в конце изложения. Если я говорю «вверху» или «внизу», то это ведь уже утверждение, которое надо пояснить, ибо верх и низ существуют только в мышлении, только в абстракции. Мир сам по себе не знает ни верха, ни низа.

Короче говоря, «степной волк» — тоже фикция. Если Гарри чувствует себя человековолком и полагает, что состоит из двух враждебных и противоположных натур, то это всего лишь упрощающая мифология. Гарри никакой не человековолк, и если мы как бы приняли на веру его ложь, которую он сам выдумал и в которую верит, если мы и в самом деле пытались рассматривать и толковать его как двойную натуру, как степного волка, то мы, в надежде на то, что нас легче будет понять, воспользовались обманом, который теперь надо постараться поправить.

Разделение на волка и человека, на инстинкт и дух, предпринимаемое Гарри для большей понятности его судьбы, — это очень грубое упрощение, это насилие над действительностью ради доходчивого, но неверного объяснения противоречий, обнаруженных в себе этим человеком и кажущихся ему источником его немалых страданий. Гарри обнаруживает в себе «человека», то есть мир мыслей, чувств, культуры, укрощенной и утонченной природы, но рядом он обнаруживает еще и «волка», то есть темный мир инстинктов, дикости, жестокости, неутонченной, грубой природы. Несмотря на это, с виду такое ясное, разделение своего естества на две взаимовраждебные сферы, он нет-нет да замечал, что волк и человек какое-то время, в какие-то счастливые мгновения, уживались друг с другом. Если бы Гарри попытался определить степень участия человека и степень участия волка в каждом отдельном моменте его, Гарри, жизни, в каждом его поступке, в каждом его ощущении, то он сразу стал бы в тупик и вся его красивая «волчья» теория полетела бы прахом. Ибо ни один человек, даже первобытный негр, даже идиот, не бывает так приятно прост, чтобы его натуру можно было объяснить как сумму двух или трех основных элементов; а уж объяснять столь разностороннего человека, как Гарри, наивным делением на волка и человека — это и вовсе безнадежно ребяческая попытка. Гарри состоит не из двух натур, а из сотен, из тысяч. Его жизнь (как жизнь каждого человека) вершится не между двумя только полюсами, такими, как инстинкт и дух или святой и развратник, она вершится между несметными тысячами полярных противоположностей.

Нас не должно удивлять, что такой сведущий и умный человек, как Гарри, считает себя «степным волком», сводя богатый и сложный строй своей жизни к столь простой, столь грубой, столь примитивной формуле. Способностью думать человек обладает лишь в небольшой мере, и даже самый духовный и самый образованный человек видит мир и себя самого всегда сквозь очки очень наивных, упрощающих, лживых формул — и особенно себя самого! Ведь это, видимо, врожденная потребность каждого человека, срабатывающая совершенно непроизвольно, — представлять себя самого неким единством. Какие бы ча-

стые и какие бы тяжкие удары ни терпела эта иллюзия, она оживает снова и снова. Судья, который, сидя напротив убийцы и глядя ему в глаза, в какой-то миг слышит, как тот говорит его собственным (судьи) голосом, в какой-то миг находит в себе все порывы, задатки, возможности убийцы, — но в следующий же миг обретает цельность, становится снова судьей, уходит в панцирь своего мнимого «я», выполняет свой долг и приговаривает убийцу к смерти. И если в особенно одаренных и тонко организованных человеческих душах забрезжит чувство их многосложности, если они, как всякий гений, прорвутся сквозь иллюзию единства личности, ощутят свою неоднозначность, ощутят себя клубком из множества «я», то стоит лишь им заикнуться об этом, как большинство их запрёт, призовет на помощь науку, констатирует шизофрению и защитит человечество от необходимости внимать голосу правды из уст этих несчастных. Однако зачем здесь тратить слова, зачем говорить вещи, которые всем, кто думает, известны и так, но говорить которые не принято? Значит, если кто-то осмеливается расширить мнимое единство своего «я» хотя бы до двойственности, то он уже почти гений, во всяком случае, редкое и интересное исключение. В действительности же любое «я», даже самое наивное, — это не единство, а многосложнейший мир, это маленькое звездное небо, хаос форм, ступеней и состояний, наследственности и возможностей. А что каждый в отдельности стремится смотреть на этот хаос как на единство и говорит о своем «я» как о чем-то простом, имеющем твердую форму, четко очерченном, то этот обман, привычный всякому человеку (даже самого высокого полета), есть, по-видимому, такая же необходимость, такое же требование жизни, как дыхание и пища.

Обман этот основан на простой метафоре. Тело каждого человека цельно, душа — нет. Поэзия тоже, даже самая изощренная, по традиции всегда оперирует мнимоцельными, мнимоедиными персонажами. В поэзии, существовавшей до сих пор, специалисты и знатоки ценят выше всего драму, и по праву, ибо она дает (или могла бы дать) наибольшую возможность изобразить «я» как некое множество — если бы не грубая подтасовка, выдающая каждый отдельный персонаж драмы за нечто единое, поскольку он пребывает в непреложно уникальной, цельной и замкнутой телесной оболочке. Выше всего даже ценит наивная эстетика так называемую драму характеров, где каждое лицо выступает как некая четко обозначенная и обособленная цельность. Лишь смутно и постепенно возникает кое у кого догадка, что все это, может быть, дешевая, поверхностная эстетика, что мы заблуждаемся, применяя к нашим великим драматургам великолепные, но не органические для нас, а лишь навязанные нам понятия о прекрасном, понятия античности, которая, отправляясь всегда от зримого тела, собственно, и изобрела фикцию «я», фикцию лица. В поэзии Древней Индии этого понятия совершенно не существует, герои индийского эпо-

са — не лица, а скопища лиц, ряды олицетворений. И в нашем современном мире тоже есть поэтические произведения, где под видом игры лиц и характеров предпринимается не вполне, может быть, осознанная автором попытка изобразить многообразие души. Кто хочет обнаружить это, должен решиться взглянуть на действующих лиц такого произведения не как на отдельные существа, а как на части, как на стороны, как на разные аспекты некоего высшего единства (если угодно, души писателя). Кто посмотрит так, скажем, на «Фауста», для того Фауст, Мефистофель, Вагнер и все другие составят некое единство, некое сверхлицо, и лишь в этом высшем единстве, не в отдельных персонажах, есть какой-то намек на истинную сущность души. Когда Фауст произносит слова, знаменитые у школьных учителей и вызывающие трепет у восхищенного обывателя: «Ах, две души в моей живут груди!» — он, Фауст, забывает Мефистофеля и множество других душ, которые тоже пребывают в его душе. Да ведь и наш Степной волк полагает, что носит в своей груди две души (волка и человека), и находит, что уже этим грудь его пагубно стеснена. То-то и оно, что грудь, тело всегда единственны, а душ в них заключено не две, не пять, а несметное число; человек — луковица, состоящая из сотни кожиц, ткань, состоящая из множества нитей. Поняли и хорошо знали это древние азиаты, и буддистская йога открыла целую технику, чтобы разоблачить самообман личности. Забавна и разнообразна игра человечества: самообман, над разоблачением которого Индия билась тысячу лет, — это тот же самообман, на укрепление и усиление которого положил столько же сил Запад.

Если мы посмотрим на Степного волка с этой точки зрения, нам станет ясно, почему он так страдает от своей смешной двойственности. Он, как и Фауст, считает, что две души — это для одной-единственной груди уже слишком много и что они должны разорвать грудь. А это, наоборот, слишком мало, и Гарри совершает над своей бедной душой страшное насилие, пытаясь понять ее в таком примитивном изображении. Гарри, хотя он и высокообразованный человек, поступает примерно так же, как дикарь, умеющий считать только до двух. Он называет одну часть себя человеком, а другую — волком и думает, что на том дело кончено и что он исчерпал себя. В «человека» он впихивает все духовное, утонченное или хотя бы культурное, что находит в себе, а в волка — все импульсивное, дикое и хаотичное. Но в жизни все не так просто, как в наших мыслях, все не так грубо, как в нашем бедном, идиотском языке, и Гарри вдвойне обманывает себя, прибегая к этому дикарскому методу «волка». Гарри, боимся мы, относит уже к «человеку» целые области своей души, которым до человека еще далеко, а к волку такие части своей натуры, которые давно преодолели волка.

Как все люди, Гарри мнит, что довольно хорошо знает, что такое человек, а на самом деле вовсе не знает этого, хотя нередко, в снах и других трудноконтролируемых состояниях сознания, об этом до-

гадывается. Не забывать бы ему этих догадок, усвоить бы их как можно лучше! Ведь человек не есть нечто застывшее и неизменное (таков был, вопреки противоположным догадкам ее мудрецов, идеал античности), а есть скорее некая попытка, некий переход, есть не что иное, как узкий, опасный мостик между природой и духом. К духу, к Богу влечет его сокровеннейшее призвание, назад к матери-природе — глубиннейшая тоска, между этими двумя силами колеблется его жизнь в страхе и трепете. То, что люди в каждый данный момент вкладывают в понятие «человек», есть всегда лишь временная, обывательская договоренность. Эта условность отвергает и осуждает некоторые наиболее грубые инстинкты, требует какой-то сознательности, какого-то благонравия, какого-то преодоления животного начала, она не только допускает, но даже объявляет необходимой небольшую толику духа. «Человек» этой условности есть, как всякий мещанский идеал, компромисс, робкая, наивно-хитрая попытка надуть, с одной стороны, злую праматерь-природу, а с другой — докучливого праотца — дух и пожить между ними, в индифферентной середке. Поэтому мещанин допускает и терпит то, что он называет «личностью», но одновременно отдает личность на произвол молоха — «государства» и всегда сталкивает лбами личность и государство. Поэтому мещанин сжигает сегодня как еретика, вешает как преступника того, кому послезавтра он будет ставить памятники.

Чувство, что «человек» не есть нечто уже сложившееся, а есть требование духа, отдаленная, столь же вожделенная, сколь и страшная возможность и что продвигаются на пути к ней всегда лишь мало-помалу, ценой ужасных мук и экстазов, как раз те редкие одиночки, которых сегодня ждет эшафот, а завтра памятник, — это чувство живет и в Степном волке. Но то, что он, в противоположность своему «волку», называет в себе «человеком», — это, в общем, и есть тот самый посредственный «человек» мещанской условности. Да, Гарри чувствует, что существует путь к истинному человеку, да, порой он даже еле-еле и мало-помалу чуть-чуть продвигается вперед на этом пути, расплачиваясь за свое продвижение тяжкими страданиями и мучительным одиночеством. Но одобрить и признать своей целью то высшее требование, то подлинное очеловечение, которого ищет дух, пойти единственным узким путем к бессмертию — этого он в глубине души все же страшится. Он ясно чувствует: это поведет к еще большим страданиям, к изгнанью, к последним лишеньям, может быть, к эшафоту, — и, как ни заманчиво бессмертие в конце этого пути, он не хочет страдать всеми этими страданиями, не хочет умирать всеми этими смертями. Хотя очеловечение как цель понятнее ему, чем мещанам, он закрывает глаза и словно бы не знает, что отчаянно держаться за свое «я», отчаянно цепляться за жизнь — это значит идти вернейшим путем к вечной смерти, тогда как умение умирать, сбрасывать оболочку, вечно поступаться своим «я» ради перемен ведет к бессмертию. Боготворя своих любимцев из числа Бессмертных, например Моцарта, он в общем-то смотрит на него все еще мещанскими глазами и, совсем как школьный наставник, склонен объяснять совершенство Моцарта лишь его высокой одаренностью специалиста, а не величием его самоотдачи, его готовности к страданиям, его равнодушия к идеалам мещан, не его способностью к тому предельному одиночеству, которое разрежает, которое превращает в ледяной эфир космоса всякую мещанскую атмосферу вокруг того, кто страдает и становится человеком, к одиночеству Гефсиманского сада.

И все же наш Степной волк открыл в себе по крайней мере фаустовскую раздвоенность, обнаружил, что за единством его жизни вовсе не стоит единство души, а что он в лучшем случае находится лишь на пути, лишь в долгом паломничестве к идеалу этой гармонии. Он хочет либо преодолеть в себе волка и стать целиком человеком, либо отказаться от человека и хотя бы как волк жить цельной, нераздвоенной жизнью. Вероятно, он никогда как следует не наблюдал за настоящим волком — а то бы он, может быть, увидел, что и у животных нет цельной души, что и у них за прекрасной, подтянутой формой тела кроется многообразие стремлений и состояний, что у волка есть свои внутренние бездны, что и волк страдает. Нет, говоря: «Назад, к природе!» — человек всегда идет неверным, мучительным и безнадежным путем.

Гарри никогда не стать снова целиком волком, да и стань он им, он бы увидел, что и волк тоже не есть что-то простое и изначальное, а есть уже нечто весьма многосложное. И у волка в его волчьей гру-

ди живут две и больше, чем две, души, и кто жаждет быть волком, тот столь же забывчив, как мужчина, который поет: «Блаженство лишь детям дано!» Симпатичный, но сентиментальный мужчина, распевающий песню о блаженном дитяти, тоже хочет вернуться к природе, к невинности, к первоистокам, совсем забыв, что и дети отнюдь не блаженны, что они способны ко многим конфликтам, ко многим разладам, ко всяким страданиям.

Назад вообще нет пути — ни к волку, ни к ребенку. В начале вещей ни невинности, ни простоты нет; все сотворенное, даже самое простое на вид, уже виновно, уже многообразно, оно брошено в грязный поток становления и никогда, никогда уже не сможет поплыть вспять. Путь к невинности, к несотворенному, к Богу ведет не назад, а вперед, не к волку, не к ребенку, а ко все большей вине, ко все более глубокому очеловечению. И самоубийство тебе, бедный Степной волк, тоже всерьез не поможет, тебе не миновать долгого, трудного и тяжкого пути очеловечения, ты еще вынужден будешь всячески умножать свою раздвоенность, всячески усложнять свою сложность. Вместо того чтобы сужать свой мир, упрощать свою душу, тебе придется мучительно расширять, все больше открывать ее миру, а там, глядишь, и принять в нее весь мир, чтобы когда-нибудь, может быть, достигнуть конца и покоя. Этим путем шел Будда, им шел каждый великий человек — кто сознательно, кто безотчетно, — кому на что удавалось осмелиться. Всякое рождение означает отделе-

ние от вселенной, означает ограничение, обособление от Бога, мучительное становление заново. Возвратиться к вселенной, отказаться от мучительной обособленности, стать Богом — это значит так расширить свою душу, чтобы она снова могла объять вселенную.

Здесь речь идет не о человеке, которого имеет в виду школа, экономика, статистика, не о человеке, который миллионами ходит по улицам и о котором можно сказать то же, что о песчинках на морском берегу или о брызгах прибоя: миллионом больше или миллионом меньше — не важно, они — материал, и только. Нет, мы говорим здесь о человеке в высоком смысле, о цели долгого пути очеловечения, о царственном человеке, о Бессмертных. Гениальность — явление не столь редкое, как это нам порой кажется, хотя и не такое частое, как считают историки литератур, историки стран, а тем более газеты. Степной волк Гарри, на наш взгляд, достаточно гениален, чтобы осмелиться на попытку очеловечения, вместо того чтобы при любой трудности жалобно ссылаться на своего глупого степного волка.

Если люди таких возможностей перебиваются ссылками на степного волка и на «ах, две души», то это столь же удивительно и огорчительно, как и то, что они так часто питают трусливую любовь к мещанству. Человеку, способному понять Будду, имеющему представление о небесах и безднах человечества, не пристало жить в мире, где правят здравый смысл, демократия и мещанская образованность. Он живет в нем только из трусости, и когда его угнетают размеры этого мира, когда тесная мещанская комната делается ему слишком тесна, он сваливает все на «волка» и не видит, что волк — лучшая порой его часть. Он называет все дикое в себе волком и находит это злым, опасным, с мещанской точки зрения — страшным, и хотя он считает себя художником, хотя убежден в тонкости своих чувств, ему невдомек, что, кроме волка, за волком, в нем живет и многое другое, и не все то волк, что волком названо, и живут там еще и лиса, и дракон, и тигр, и обезьяна, и райская птичка. Ему невдомек, что весь этот мир, весь этот райский сад прелестных и страшных, больших и малых, сильных и слабых созданий точно так же подавлен и взят в плен сказкой о волке, как подавлен в нем, в Гарри, и взят в плен мещанином, ложным человеком, подлинный человек.

Представьте себе сад с сотнями видов деревьев, с тысячами видов цветов, с сотнями видов плодов, с сотнями видов трав. Если садовник этого сада не знает никаких ботанических различий, кроме «съедобно» и «сорняк», то от девяти десятых его сада ему никакого толку не будет, он вырвет самые волшебные цветы, срубит благороднейшие деревья или по крайней мере возненавидит их и станет косо на них смотреть. Так поступает и Степной волк с тысячами цветов своей души. Что не подходит под рубрики «человек» или «волк», того он просто не видит. А чего он только не причисляет к «человеку»! Все трусливое, все напускное, все глупое и мелочное, по-

скольку оно не волчье, он причисляет к «человеку», а все сильное и благородное, лишь потому, что еще не стал сам себе господином, приписывает волчьему своему началу.

Мы прощаемся с Гарри, мы предоставляем ему идти дальше его путем одному. Если бы он уже был с Бессмертными, если бы он уже был там, куда, кажется, направлен его тяжкий путь, как удивленно взглянул бы он на эти изгибы, на этот смятенный, на этот нерешительный зигзаг своего пути, как ободрительно, как порицающе, как сочувственно, как весело улыбнулся бы он этому Степному волку!

Дочитав до конца, я вспомнил, что несколько недель назад, как-то ночью, я написал странное стихотворение, где речь тоже шла о Степном волке. Я перерыл кучу бумаг в своем битком набитом письменном столе, нашел этот листок и прочел:

Мир лежит в глубоком снегу.
Ворон на ветке бьет крылами.
Я, Степной волк, все бегу и бегу,
Но не вижу нигде ни зайца, ни лани!
Нигде ни одной — куда ни глянь.
А я бы сил не жалел в погоне,
Я взял бы в зубы ее, в ладони,
Это ведь любовь моя — лань.
Я бы в нежный кострец вонзил клыки,
Я бы кровь прелестницы вылакал жадно,
А потом бы опять всю ночь от тоски,
От одиночества выл надсадно.

Даже зайчишка — и то бы не худо.
Ночью приятно парного поесть мясца.
Ужели теперь никакой ниоткуда
Мне не дождаться поживы и так и тянуть до конца?
Шерсть у меня поседела на старости лет,
Глаза притупились, добычи не вижу в тумане.
Милой супруги моей на свете давно уже нет,
А я все бегу и мечтаю о лани.
А я все бегу и о зайце мечтаю,
Снегом холодным горящую пасть охлаждаю,
Слышу, как свищет ветер, бегу, ищу —
К дьяволу бедную душу свою тащу.

И вот у меня в руках было два моих портрета — автопортрет из рифмованных дольников, такой же печальный и тревожный, как я сам, и портрет, написанный холодно и на вид очень объективно посторонним лицом, которое смотрит на меня со стороны, сверху вниз, и знает больше, но все же и меньше, чем я сам. И оба эти портрета вместе, мои тоскливо запинающиеся стихи и умный этюд неизвестного автора, причиняли мне боль, оба они были верны, оба рисовали без прикрас мое безотрадное бытие, оба ясно показывали невыносимость и неустойчивость моего состояния. Этот Степной волк должен был умереть, должен был собственноручно покончить со своей ненавистной жизнью — или же должен был переплавиться в смертельном огне обновленной самооценки, сорвать с себя маску и двинуться в путь к новому «я». Ах, этот процесс не был мне нов и незнаком, я знал его, я уже неоднократно проходил через него, каждый раз во времена предельного отчаяния. Каждый раз в ходе этой тяжелой ломки вдребезги разбивалось мое прежнее «я», каждый раз глубинные силы растормашивали и разрушали его, каждый раз при этом какая-то заповедная и особенно любимая часть моей жизни изменяла мне и терялась. Один раз я потерял свою мещанскую репутацию вкупе со своим состоянием и должен был постепенно отказаться от уважения со стороны тех, кто дотоле снимал передо мной шляпу. Другой раз внезапно развалилась моя семейная жизнь; моя заболевшая душевной болезнью жена прогнала меня из дому, лишила налаженного быта, любовь и доверие превратились вдруг в ненависть и смертельную вражду, соседи смотрели мне вслед с жалостью и презрением. Тогда-то и началась моя изоляция. А через несколько лет, через несколько тяжких, горьких лет, когда я, в полном одиночестве и благодаря строгой самодисциплине, построил себе новую жизнь, основанную на аскетизме и духовности, когда я, предавшись абстрактному упражненью ума и строго упорядоченной медитации, снова достиг известной тишины, известной высоты, этот уклад жизни тоже внезапно рухнул, тоже вдруг потерял свой благородный, высокий смысл; я снова метался по миру в диких, напряженных поездках, накапливались новые страдания и новая вина. И каждый раз этому срыванию маски, этому крушению идеала предшествовали такая же ужасная пустота и тишина, такая же смертельная скованность, изолированность и отчужденность, такая же адская пустыня равнодушия и отчаяния, как те, через которые я вновь проходил теперь.

При каждом таком потрясении моей жизни я в итоге что-то приобретал, этого нельзя отрицать, становился свободнее, духовнее, глубже, но и делался более одинок, более непонятен, более холоден. В мещанском плане моя жизнь была постоянным, от потрясения к потрясению, упадком, все большим удалением от нормального, дозволенного, здорового. С годами я стал человеком без определенных занятий, без семьи, без родины, оказался вне всяких социальных групп, один, никто меня не любил, у многих я вызывал подозрение, находясь в постоянном, жестоком конфликте с общественным мнением и с моралью общества, и, хоть я и жил еще в мещанской среде, по всем своим мыслям и чувствам я был внутри этого мира чужим. Религия, отечество, семья, государство не представляли собой никакой ценности для меня, и мне не было до них дела, от тщеславия науки, искусств, цехов меня тошнило; мои взгляды, мой вкус, весь мой ум, которыми я когда-то блистал как человек одаренный и популярный, пришли теперь в запустение и одичание и стали подозрительны людям. Если в ходе всех моих мучительных перемен я и приобретал что-то незримое и невесомое, то платил я за это дорого, и с каждым разом жизнь моя становилась все более тяжелой, трудной, одинокой, опасной. Право же, у меня не было причин желать продолжения этого пути, который вел меня во все более безвоздушные сферы, похожие на дым в осенней песне Ницше.

О да, я знал эти ощущения, эти перемены, уготовленные судьбой своим трудным детям, доставляющим ей особенно много хлопот, слишком хорошо я их знал. Я знал их, как честолюбивый, но неудачливый охотник знает все этапы охотничьей вылазки, как старый биржевик знает все этапы спекуляции, выигрыша, неуверенности, колебаний, банкротства. Неужели мне и правда проходить через все это еще раз? Через всю эту муку, через все эти метания, через все эти свидетельства низменности и никчемности собственного «я», через всю эту ужасную боязнь поражения, через весь этот страх смерти? Не умней ли, не проще ли было предотвратить повторение стольких страданий, дать тягу? Конечно, это было проще и умней. Что бы там ни утверждалось насчет «самоубийц» в брошюрке о Степном волке, никто не мог лишить меня удовольствия избавиться с помощью светильного газа, бритвы или пистолета от повторения процесса, мучительную болезненность которого я, право же, изведывал уже достаточно часто и глубоко. Нет, черт возьми, никакая сила на свете не заставит меня еще раз дрожать перед ней от ужаса, еще раз перерождаться и перевоплощаться, причем не для того, чтобы обрести наконец мир и покой, а для нового самоуничтожения, для нового перерождения! Пусть самоубийство — это глупость, трусость и подлость, пусть это бесславный, позорный выход — любой, даже самый постыдный выход из этой мельницы страданий куда как хорош, тут уж нечего играть в благородство и героизм, тут я стою перед простым выбором между маленькой, короткой болью и немыслимо жестоким, бесконечным страданием. В своей такой трудной, такой сумасшедшей жизни я достаточно часто бывал благородным донкихотом и предпочитал честь удобству, а героизм — разуму. Хватит, кончено!

Утро зевало уже сквозь окна, свинцовое, окаянное утро дождливого зимнего дня, когда я наконец улегся. В постель я взял с собой свое решение. Но на периферии сознания, на последней его границе, когда я уже засыпал, передо мной сверкнуло то странное место брошюрки, где речь шла о «Бессмертных», и я мельком вспомнил, что не раз и даже совсем недавно чувствовал себя достаточно близким к Бессмертным, чтобы в одном такте старинной музыки уловить всю холодную, светлую, сурово-улыбчивую мудрость Бессмертных. Это возникло, блеснуло, погасло, и тяжелый, как гора, сон лег на мой лоб.

Проснувшись около полудня, я сразу ощутил ясность ситуации, брошюрка и мои стихи лежали на тумбочке, и мое решение, дозревшее и окрепшее за ночь во сне, глядело на меня приветливо-холодным взглядом из хаоса последней полосы моей жизни.

Спешить не нужно было, мое решение умереть не было минутным капризом, это был зрелый, крепкий плод, медленно поспевший и отяжелевший, готовый упасть при первом же порыве ветра судьбы, который сейчас его тихо покачивал.

В моей дорожной аптечке имелось одно превосходное болеутоляющее средство, сильный препарат опиума, — прибегать к нему я позволял себе очень редко, и моей воздержанности часто хватало на несколько месяцев; оглушающее это снадобье я принимал только при нестерпимо мучительных физических болях. Для самоубийства оно, к сожалению, не годилось, много лет назад я убедился в этом на собственном опыте. Однажды, в пору очередного отчаяния, я проглотил изрядную дозу этого препарата, достаточную, чтобы убить шестерых, но меня она не убила. Я, правда, уснул и пролежал несколько часов в полном забытьи, но потом, к ужасному своему разочарованию, проснулся от страшных спазмов в желудке, извергнул с рвотой, не вполне придя в себя, весь принятый яд и снова уснул, чтобы окончательно проснуться лишь в середине следующего дня — отвратительно трезвым, с выжженным, пустым мозгом и почти начисто отшибленной памятью.

Никаких других последствий, кроме периода бессонницы и изнурительных болей в желудке, отравление не имело.

Это средство, стало быть, отпадало. Но мое решение приняло теперь вот какую форму: если дела мои снова пойдут так, что я должен буду прибегнуть к своему опиумному снадобью, мне разрешается заменить это короткое избавление избавлением большим, смертью, причем смертью верной, надежной: от пули или от лезвия бритвы. Теперь положение прояснилось; ждать своего пятидесятилетия, как остроумно советовала брошюрка, надо было, на мой взгляд, слишком уж долго, до него оставалось еще два года. Не важно, через год ли, через месяц ли или уже завтра — дверь была открыта.

Не скажу, чтобы «решение» сильно изменило мою жизнь. Оно сделало меня немного равнодушнее к недомоганиям, немного беззаботнее в употреблении опиума и вина, немного любопытнее к пределу терпимого, только и всего. Сильнее действовали другие впечатления того вечера. Трактат о Степном волке я иногда перечитывал, то с увлечением и благодарностью, словно признавая, что какой-то невидимый маг мудро направляет мою судьбу, то с насмешливым презрением к трезвости трактата, который, казалось мне, совершенно не понимал специфической напряженности моей жизни. Все сказанное там о степных волках и о самоубийцах, возможно, и было умно и прекрасно, но это относилось к целой категории, к типу как таковому, было талантливой абстракцией; а меня как личность, суть моей души, мою особую, уникальную, частную судьбу такой грубой сетью, казалось мне, уловить нельзя.

Глубже всего прочего занимала меня та галлюцинация, то видение у церковной стены, тот многообещающий анонс пляшущих световых букв, который соответствовал намекам в трактате. Очень уж многое тут обещалось мне, очень уж сильно разожгли голоса того неведомого мира мое любопытство. Я целыми часами самозабвенно о них размышлял, и все яснее тогда слышалось мне предостережение тех надписей: «Не для всех!» и «Только для сумасшедших!» Значит, я сумасшедший, значит, очень далек от «всех», если те голоса меня достигли, если те миры со мной заговаривают. Господи, да разве я давно не отдалился от жизни всех, от бытия и мышления нормальных людей, разве я давно не отъединился от них, не сошел с ума? И все же в глубине души я прекрасно понимал это требование сумасшествия, этот призыв отбросить разум, скованность, мещанские условности и отдаться бурному, не знающему законов миру души, миру фантазии.

Однажды, снова безуспешно поискав на улицах и площадях человека с плакатом и выжидательно пройдя несколько раз мимо стены с невидимыми воротами, я встретил в предместье Св. Мартина похоронную процессию. Разглядывая лица скорбящих, которые шагали за катафалком, я подумал: где в этом городе, где в этом мире живет человек, чья смерть означала бы для меня потерю? И где тот человек, для которого моя смерть имела бы хоть какое-то значение? Была, правда, Эрика, моя возлюбленная, ну, конечно; но мы давно жили очень разъединенно, редко виделись без всяких ссор, и сейчас я даже не знал ее местопребывания. Иногда она приезжала ко мне или я ездил к ней, и поскольку мы оба люди одинокие и нелегкие, чем-то родственные друг другу в душе и в болезни души, между нами все-таки сохранялась какая-то связь. Но не вздохнула ли бы она с большим облегчением, узнав о моей смерти? Этого я не знал, как не знал ничего и о надежности своих собственных чувств. Надо жить в мире нормального и возможного, чтобы знать что-либо о таких вещах.

Между тем, по какой-то прихоти, я присоединился к процессии и приплелся за скорбящими к кладбищу, архисовременному цементному кладбищу с крематорием и всякой техникой. Но нашего покойника не собирались сжигать, его гроб опустили на землю у простой ямы, и я стал наблюдать за действиями священника и прочих стервятников, служащих похоронного бюро, которые пытались изобразить торжественность и скорбь, но от смущения, от театральности и фальши чрезмерно усердствовали и добивались скорее комического эффекта; я смотрел, как трепыхалась на них черная униформа и как старались они привести собравшихся в нужное настроение и заставить их преклонить колени перед величием смерти. Это был напрасный труд, никто не плакал, покойный, кажется, никому не был нужен. Никто не проникался благочестивыми чувствами, и, когда священник называл присутствующих «дорогими сохристианами», деловые лица всех этих купцов, булочников и их жен молча потуплялись с судорожной серьезностью, смущенно, фальшиво, с единственным желанием, чтобы поскорей кончилась эта неприятная процедура. Что ж, она кончилась, двое передних сохристиан пожали оратору руку, вытерли о кромку ближайшего газона башмаки, выпачканные влажной глиной, в которую они положили своего мертвеца, лица сразу вновь обрели обычный человеческий вид, и одно из них показалось мне вдруг знакомым — это был, показалось мне, тот, что нес тогда плакат и сунул мне в руку брошюрку.

Едва я узнал его, как он отвернулся, наклонился, занялся своими черными брюками, аккуратно засучил их над башмаками и быстро зашагал прочь, зажав под мышкой зонтик. Я побежал за ним, догнал его, поклонился ему, но он, кажется, меня не узнал.

— Сегодня не будет вечернего аттракциона? — спросил я, пытаясь ему подмигнуть, как это делают заговорщики. Но от таких мимических упражнений я давно отвык, ведь при моем образе жизни я и говорить-то почти разучился; я сам почувствовал, что скорчил лишь глупую гримасу.

— Вечернего аттракциона? — пробормотал он и недоуменно посмотрел мне в лицо. — Ступайте, дорогой, в «Черный орел», если у вас есть такая потребность.

Я и правда не был уже уверен, что это он. Я разочарованно пошел дальше, не зная куда, никаких целей, никаких устремлений, никаких обязанностей для меня не существовало. У жизни был отвратительно горький вкус, я чувствовал, как давно нараставшая тошнота достигает высшей своей точки, как жизнь выталкивает и отбрасывает меня. В ярости шагал я по серому городу, отовсюду мне слышался запах влажной земли и похорон. Нет, у моей могилы не будет никого из этих сычей с их рясами и с их сентиментальной трескотней! Ах, куда бы я ни взглянул, куда бы ни обратился мыслью, нигде не ждала меня радость, ничто меня не звало, не манило, все воняло гнилой изношенностью, гнилым полудовольством, все было старое, вялое, серое, дряблое, дохлое. Боже, как это получилось? Как дошел до этого я, окрыленный юнец, друг муз, любитель странствий по свету, пламенный идеалист? Как смогли они так тихонько подкрасться и овладеть мною, это бессилие, эта ненависть к себе и ко всем, эта глухота чувств, эта глубокая озлобленность, этот гадостный ад душевной пустоты и отчаяния?

Когда я проходил мимо библиотеки, мне попался на глаза один молодой профессор, с которым я прежде порой беседовал, к которому во времена последнего своего пребывания в этом городе даже несколько раз ходил на квартиру, чтобы поговорить с ним о восточных мифологиях, — тогда эта область очень меня занимала. Ученый шел мне навстречу, чопорный, несколько близорукий, и узнал меня, когда я уже собирался пройти мимо. Он бросился ко мне с большой теплотой, и я, находясь в таком никудышном состоянии, был почти благодарен ему за это. Он очень обрадовался и оживился, напомнил мне кое-какие подробности наших прежних бесед, сказал, что многим обязан исходившим от меня импульсам и что часто обо мне думал; с тех пор ему редко доводилось так интересно и плодотворно дискутировать с коллегами. Он спросил, давно ли я в этом городе (я соврал: несколько дней) и почему я не навестил его. Я посмотрел на доброе, с печатью учености лицо этого учтивого человека, нашел сцену встречи с ним вообще-то смешной, но, как изголодавшийся пес, насладился крохой тепла, глотком любви, кусочком признания. Степной волк Гарри растроганно осклабился, у него потекли слюнки в сухую глотку, сентиментальность выгнула ему спину вопреки его воле. Итак, я наврал, что заехал сюда ненадолго, по научным делам, да и чувствую себя неважно, а то бы, конечно, заглянул к нему. И когда он сердечно меня пригласил провести у него сегодняшний вечер, я с благодарностью принял это приглашение, а потом передал привет его жене, и оттого, что я так много говорил и улыбался, у меня заболели щеки, отвыкшие от таких усилий. И в то время как я, Гарри Галлер, захваченный врасплох и польщенный, вежливый и старательный, стоял на улице, улыбаясь этому любезному человеку и глядя в его доброе, близорукое лицо, другой Гарри стоял рядом и ухмылялся, стоял, ухмыляясь, и думал, какой же я странный, какой же я вздорный и лживый тип, если две минуты назад я скрежетал зубами от злости на весь опостылевший мир, а сейчас, едва меня поманил, едва невзначай приветил достопочтенный обыватель, спешу растроганно поддакнуть ему и нежусь, как поросенок, растаяв от крохотки доброжелательства, уважения, любезности. Так оба Гарри, оба — фигуры весьма несимпатичные, стояли напротив учтивого профессора, презирая друг друга, наблюдая друг за другом, плюя друг другу под ноги и снова, как всегда в таких ситуациях, задаваясь вопросом: просто ли это человеческая глупость и слабость, то есть всеобщий удел, или же этот сентиментальный эгоизм, эта бесхарактерность, эта неряшливость и двойственность чувств — чисто личная особенность Степного волка? Если эта подлость общечеловечна, ну, что ж, тогда мое презрение к миру могло обрушиться на нее с новой силой; если же это лишь моя личная слабость, то она давала повод к оргии самоуничиженья.

За спором между обоими Гарри профессор был почти забыт; вдруг он мне опять надоел, и я поспешил отделаться от него. Я долго глядел ему вслед, когда он удалялся по голой аллее, добродушной и чуть смешной походкой идеалиста, походкой верующего. В душе моей бушевала битва, и, машинально сгибая и разгибая замерзшие пальцы в борьбе с притаившейся подагрой, я вынужден был признаться себе, что остался в дураках, что вот и накликал приглашение на ужин, к половине восьмого, обрек себя на обмен любезностями, ученую болтовню и созерцание чужого семейного счастья. Разозлившись, я пошел домой, смешал воду с коньяком, запил свои пилюли, лег на диван и попытался читать. Когда мне наконец удалось немного вчитаться в «Путешествие Софии из Мемеля в Саксонию», восхитительную бульварщину восемнадцатого века, я вдруг вспомнил о приглашении, и что я небрит, и что мне нужно одеться. Одному Богу известно, зачем я это себе навязал! Итак, Гарри, вставай, бросай свою книгу, намыливайся, скреби до крови подбородок, одевайся и проникнись расположением к людям! И, намыливаясь, я думал о грязной глинистой яме на кладбище, в которую сегодня спустили на веревках того незнакомца, и о перекошенных усмешкой лицах скучающих сохристиан и не смог даже посмеяться надо всем этим. Там, у грязной глинистой ямы, под глупую, смущенную речь проповедника, среди глупых, смущенных физиономий участников похорон, при безотрадном зрелище всех этих крестов и досок из жести и мрамора, среди всех этих искусственных цветов из проволоки и стекла, там, казалось мне, кончился не только тот незнакомец, не только, завтра или послезавтра, кончусь и я, зарытый, закопанный в грязь среди смущения и лжи участников процедуры, нет, так кончалось все, вся наша культура, вся наша вера, вся наша жизнерадостность, которая была очень больна и скоро там тоже будет зарыта. Кладбищем был мир нашей культуры, Иисус Христос и Сократ, Моцарт и Гайдн, Данте и Гете были здесь лишь потускневшими именами на ржавеющих жестяных досках, а кругом стояли смущенные и изолгавшиеся поминальщики, которые много бы дали за то, чтобы снова поверить в эти когда-то священные для них жестяные скрижали или сказать хоть какое-то честное, серьезное слово отчаяния и скорби об этом ушедшем мире, а не просто стоять у могилы со смущенной ухмылкой. От злости я порезал себе подбородок в том же, что и всегда, месте и прижег ранку квасцами, но все равно должен был сменить только что надетый свежий воротничок, хотя совершенно не знал, зачем я все это делаю, ибо не испытывал ни малейшего желания идти туда, куда меня пригласили. Но какая-то часть Гарри снова устроила спектакль, назвала профессора славным малым, захотела человеческого запаха, болтовни, общения, вспомнила красивую жену профессора, нашла мысль о вечере у гостеприимных хозяев в общем-то вдохновляющей, помогла мне налепить на подбородок английский пластырь, помогла мне одеться и повязать подобающий галстук и мягко убедила меня поступиться истинным моим желанием остаться дома. Одновременно я думал: так же, как я сейчас одеваюсь и выхожу, иду к профессору и обмениваюсь с ним более или менее лживыми учтивостями, по существу всего этого не желая, точно так поступают, живут и действуют большинство людей изо дня в день, час за часом, они вынужденно, по существу этого не желая, наносят визиты, ведут беседы, отсиживают служебные часы, всегда поневоле, машинально, нехотя, все это с таким же успехом могло бы делаться машинами или вообще не делаться; и вся эта нескончаемая механика мешает им критически — как я — отнестись к собственной жизни, увидеть и почувствовать ее глупость и мелкость, ее мерзко ухмыляющуюся сомнительность, ее безнадежную тоску и скуку. О, и они правы, люди, бесконечно правы, что так живут, что играют в свои игры и носятся со своими ценностями, вместо того чтобы сопротивляться этой унылой механике и с отчаянием глядеть в пустоту, как я, свихнувшийся человек. Если я иногда на этих страницах презираю людей и высмеиваю, то да не подумают, что я хочу свалить на них вину, обвинить их, взвалить на других ответственность за свою личную беду! Но я-то, я, зайдя так далеко и стоя на краю жизни, где она проваливается в бездонную темень, я поступаю несправедливо и лгу, когда притворяюсь перед собой и перед другими, будто эта механика продолжается и для меня, будто я тоже принадлежу еще к этому милому ребяческому миру вечной игры!

Вечер и впрямь принял удивительный оборот. Перед домом своего знакомого я на минуту остановился и взглянул вверх, на окна. Вот здесь живет этот человек, подумал я, трудится год за годом, читает и комментирует тексты, ищет связи между переднеазиатскими и индийскими мифологиями и тем доволен, потому что верит в ценность своей работы, верит в науку, которой служит, верит в ценность чистого знания, накопления сведений, потому что верит в прогресс, в развитие. Войны он не почувствовал, не почувствовал, как потряс основы прежнего мышления Эйнштейн (это, полагает он, касается лишь математиков), он не видит, как вокруг него подготавливается новая война, он считает евреев и коммунистов достойными ненависти, он добрый, бездумный, довольный ребенок, много о себе мнящий, ему можно лишь позавидовать. Я собрался с духом и вошел, меня встретила горничная в белом переднике, благодаря какому-то предчувствию я хорошо запомнил место, куда она убрала мои пальто и шляпу, горничная провела меня в теплую, светлую комнату, попросила подождать, и, вместо того чтобы произнести молитву или соснуть, я из какого-то озорства взял в руки первый попавшийся предмет. Им оказалась картинка в рамке с твердой картонной подпоркой-клапаном, стоявшая на круглом столе. Это была гравюра, и изображала она писателя Гете, своенравного, гениально причесанного старика с красиво вылепленным лицом, где, как положено, были и знаменитый огненный глаз, и налет слегка сглаженных вельможностью одиночества и трагизма, на которые художник затратил особенно много усилий. Ему удалось придать этому демоническому старцу, без ущерба для его глубины, какое-то не то профессорское, не то актерское выражение сдержанности и добропорядочности и сделать из него в общем-то действительно красивого старого господина, способного украсить любой мещанский дом. Картинка эта, вероятно, была не глупей, чем все картинки такого рода, чем все эти милые спасители, апостолы, герои, титаны духа и государственные мужи, изготовляемые прилежными ремесленниками, взвинтила она меня, вероятно, лишь известной виртуозностью мастерства; как бы то ни было, это тщеславное и самодовольное изображение старого Гете сразу же резануло меня отвратительным диссонансом — а я был уже достаточно раздражен и настропален — и показало мне, что я попал не туда. Здесь были на месте красиво стилизованные основоположники и национальные знаменитости, а не степные волки.

Войди сейчас хозяин дома, мне, наверно, удалось бы ретироваться под каким-нибудь подходящим предлогом. Но вошла его жена, и я покорился судьбе, хотя и чуял недоброе. Мы поздоровались, и за первым диссонансом последовали новые и новые. Она поздравила меня с тем, что я хорошо выгляжу, а я прекрасно знал, как постарел я за годы, прошедшие после нашей последней встречи; уже во время рукопожатия мне неприятно напомнила об этом подагрическая боль в пальцах. А потом она спросила меня, как поживает моя милая жена, и мне пришлось сказать, что жена ушла от меня и наш брак распался. Мы были рады, что появился профессор. Он тоже приветствовал меня очень тепло, и вся ложность, весь комизм этой ситуации вскоре нашли себе донельзя изящное выражение. В руках у профессора была газета, подписчиком которой он состоял, орган милитаристской, подстрекавшей к войне партии, и, пожав мне руку, он кивнул на газету и сказал, что в ней есть статья об одном моем однофамильце, публицисте Галлере, — это, видно, какой-то безродный негодяй, он потешался над кайзером и выразил мнение, что его родина виновата в развязывании войны ничуть не меньше, чем вражеские страны. Ну и тип, наверно! Но теперь он получил отповедь, редакция лихо отчитала этого прохвоста, заклеймила позором. Мы, однако, перешли к другой теме, когда профессор увидел, что эта материя не интересует меня, и у хозяев и в мыслях не было, что такое исчадие ада может сидеть перед ними, а дело обстояло именно так, этим исчадием ада был я. Зачем, право, поднимать шум и беспокоить людей! Я посмеялся про себя, но уже потерял надежду на какие-либо приятные впечатления от этого вечера. Я хорошо помню этот момент. Ведь как раз в тот момент, когда профессор заговорил об изменнике родины Галлере, скверное чувство подавленности и отчаяния, нараставшее и усиливавшееся во мне с похорон, сгустилось в страшную тяжесть, в физически ощутимую (внизу живота) боль, в давяще-тревожное чувство рока. Что-то, я чувствовал, подстерегало меня, какая-то опасность подкрадывалась ко мне сзади. К счастью, сообщили, что ужин готов. Мы перешли в столовую, и, то и дело стараясь сказать или спросить что-нибудь безобидное, я съел больше, чем привык съедать, и чувствовал себя с каждой минутой все отвратительнее. Боже мой, думал я все время, зачем мы так напрягаемся? Я ясно чувствовал, что и моим хозяевам было не по себе и что их живость стоила им труда, то ли оттого, что я действовал на них сковывающе, то ли из-за какого-то неблагополучия в доме. Они спрашивали меня всё о таких вещах, что отвечать откровенно никак нельзя было, вскоре я совсем запутался во лжи и боролся с отвращением при каждом слове. Наконец, чтобы отвлечь их, я стал рассказывать о похоронах, свидетелем которых сегодня был. Но я не нашел верного тона, мои потуги на юмор действовали удручающе, мы расходились в разные стороны все больше и больше, во мне смеялся, оскаливаясь, степной волк, и за десертом все трое больше помалкивали. Мы вернулись в ту первую комнату, чтобы выпить кофе и водки, может быть, это немного нам помогло бы. Но тут царь поэтов снова попался мне на глаза, хотя его уже убрали на комод. Он не давал мне покоя, и, прекрасно слыша в себе предостерегающие голоса, я снова взял его в руки и начал с ним объясняться. Я был прямо-таки одержим чувством, что эта ситуация невыносима, что я должен сейчас либо отогреть и увлечь хозяев, настроить их на свой тон, либо довести дело и вовсе до взрыва.

— Будем надеяться, — сказал я, — что у Гете в действительности был не такой вид! Это тщеславие, эта благородная поза, это достоинство, кокетничающее с уважаемыми зрителями, этот мир прелестнейшей сентиментальности под покровом мужественности! Можно, разумеется, очень его недолюбливать, я тоже часто очень недолюбливаю этого старого зазнайку, но изображать его так — нет, это уж чересчур.

Разлив кофе с глубоким страданием на лице, хозяйка поспешила выйти из комнаты, и ее муж полусмущенно-полуукоризненно сказал мне, что этот портрет Гете принадлежит его жене и что она его особенно любит.

— И даже будь вы объективно правы, чего я, кстати, не считаю, вам не следовало выражаться так резко.

— Тут вы правы, — признал я. — К сожалению, это моя привычка, мой порок — выбирать всегда как можно более резкие выражения, что, кстати, делал и Гете в лучшие свои часы. Конечно, этот слащавый, обывательский, салонный Гете никогда не употребил бы резкого, меткого, точного выражения. Прошу прощения у вас и у вашей жены — скажите ей, что я шизофреник. А заодно позвольте откланяться.

Ошарашенный хозяин попытался было возразить, снова заговорил о том, как прекрасны и интересны были прежние наши беседы, и что мои догадки насчет Митры и Кришны произвели на него тогда глубокое впечатление, и что он надеялся сегодня опять... и так далее. Я поблагодарил его и сказал, что это очень любезные слова, но, увы, у меня начисто пропал интерес к Кришне и охота вести ученые разговоры, и сегодня я врал ему многократно, например, в этом городе я нахожусь не несколько дней, а несколько месяцев, но живу уединенно и уже не могу бывать в приличных домах, потому что, во-первых, я всегда не в духе и страдаю от подагры, а во-вторых, обычно пьян. Далее, чтобы внести полную ясность и хотя бы уйти не лжецом, я должен заявить уважаемому хозяину, что он меня сегодня очень обидел. Он стал на глупую, тупоумную, достойную какого-нибудь праздного офицера, но не ученого позицию реакционной газетки в отношении взглядов Галлера. А этот Галлер, этот «тип», этот безродный прохвост не кто иной, как я сам, и дела нашей страны и всего мира обстояли бы лучше, если бы хоть те немногие, кто способен думать, взяли сторону разума и любви к миру, вместо того чтобы слепо и исступленно стремиться к новой войне. Так-то, и честь имею.

С этими словами я поднялся, простился с Гете и с профессором, сорвал с вешалки свои вещи и убежал. Громко выл у меня в душе злорадный волк, великий скандал разыгрывался между обоими Гарри. Ведь этот неприятный вечерний час имел для меня, мне сразу стало ясно, куда большее значение, чем для возмущенного профессора; для него он был разочарованием, досадным эпизодом, а для меня последним провалом и бегством, прощанием с мещанским, нравственным, ученым миром, полной победой степного волка. И прощался я с ними как беглец, как побежденный, признавая себя банкротом, прощался без всякого утешения, без чувства превосходства, без юмора. Со своим прежним миром и с прежней родиной, с буржуазностью, нравственностью, ученостью я прощался в точности так, как прощается заболевший язвой желудка с жареной свининой. В ярости бежал я под фонарями, в ярости и смертельной тоске. Какой это был безотрадный, позорный, злой день, от утра до вечера, от кладбища до сцены в доме профессора! Зачем? Почему? Есть ли смысл обременять себя другими такими днями, снова расхлебывать ту же кашу? Нет! И сегодня же ночью я покончу с этой комедией. Ступай домой, Гарри, и перережь себе горло! Хватит откладывать.

Я метался по улицам, гонимый бедой. Конечно, это была глупость с моей стороны — оплевать славным людям украшение их салона, глупость и невежливость, но я не мог поступить иначе, не мог больше мириться с этой укрощенной, лживой, благопристойной жизнью. А поскольку с одиночеством тоже я мириться, казалось, больше не мог, поскольку мое собственное общество вконец мне осточертело, поскольку я бился и задыхался в безвоздушном пространстве своего ада, какой у меня еще был выход? Не было никакого. О мать и отец, о далекий священный огонь моей молодости, о тысячи радостей, трудов и целей моей жизни! Ничего у меня от всего этого не осталось, даже раскаяния, остались лишь отвращение и боль. Никогда еще, казалось мне, сама необходимость жить не причиняла такой боли, как в этот час.

Я передохнул в каком-то унылом трактире за заставой, выпил там воды с коньяком и снова побежал дальше, гонимый дьяволом, вверх и вниз по крутым и кривым улочкам старого города, по аллеям, через вокзальную площадь. «Уехать!» — подумал я, вошел в вокзал, поглазел на висевшие на стенах расписания, выпил немного вина, попытался собраться с мыслями. Все ближе, все явственнее видел я теперь призрак, который меня страшил. Это было возвращение домой, в мою комнату, это была необходимость смириться с отчаянием! От нее не уйти, сколько часов ни бегай, не уйти от возвращения к моей двери, к столу с книгами, к дивану с портретом моей любимой над ним, не уйти от мгновения, когда надо будет открыть бритву и перерезать себе горло. Все явственнее вставала передо мной эта картина, и все явственнее, с бешено колотящимся сердцем, чувствовал я самый большой страх на свете — страх смерти! Да, у меня был неимоверный страх перед смертью. Хоть я и не видел другого выхода, хотя отвращение, страдание и отчаяние сдавили меня со всех сторон, хотя ничто уже не могло меня приманить, принести мне надежду и радость, я испытывал несказанный ужас перед казнью, перед последним мгновением, перед обязанностью холодно полоснуть по собственной плоти!

Я не видел способа уйти от того, что меня страшило. Даже если сегодня в борьбе отчаяния с трусостью победит трусость, то все равно завтра и каждодневно передо мной снова будет стоять отчаяние, да еще усугубленное моим презрением к себе. Так я и буду опять хвататься за бритву и опять отбрасывать ее, пока наконец не свершится. Уж лучше сегодня же! Я уговаривал себя, как ребенка, разумными доводами, но ребенок не слушал, он убегал, он хотел жить. Опять меня рывками носило по городу, я огибал свою квартиру размашистыми кругами, непрестанно помышляя о возвращении и непрестанно откладывая его. Время от времени я задерживался в кабачках, то на одну рюмку, то на две рюмки, а потом меня снова носило по городу, размашисто кружило вокруг моей цели, вокруг бритвы, вокруг смерти. Порой, смертельно устав, я присаживался на скамью, на край фонтана, на тумбу, слышал, как стучит мое сердце, стирал со лба пот, бежал снова, в смертельном страхе, в теплящейся тоске по жизни.

Так, поздно ночью, меня принесло в отдаленное, малознакомое мне предместье, к ресторану, за окнами которого неистовствовала танцевальная музыка. Проходя в подворотню, я прочел старую вывеску над ней: «Черный орел». В ресторане шла ночная жизнь — шум, толчея, дым, винные пары и крики, в заднем зале танцевали, там и бушевала музыка. Я остался в переднем зале, где находились сплошь простые, частью бедновато одетые люди, тогда как в заднем, бальном, показывались и гости весьма элегантные. Сутолока оттеснила меня в глубину зала, к стоявшему близ буфета столику, где на скамье у стены сидела красивая бледная девушка в тонком, с глубоким вырезом бальном платьице, в волосах у нее был увядший цветок. Увидев, что я приближаюсь, девушка внимательно и приветливо взглянула на меня и, улыбнувшись, подвинулась, чтобы освободить мне место.

— Можно? — спросил я и сел возле нее.

— Конечно, тебе можно, — сказала она, — ты кто?

— Спасибо, — сказал я, — я никак не могу пойти домой, не могу, не могу, я хочу остаться здесь, возле вас, если вы позволите. Нет, я не могу пойти домой.

Она закивала головой как бы в знак понимания, и, когда она кивала, я смотрел на локон, падавший у нее со лба к уху, и я увидел, что увядший цветок — это камелия. Из другого зала гремела музыка, у буфета официантки торопливо выкрикивали свои заказы.

— Оставайся здесь, — сказала она голосом, который действовал на меня благотворно. — Почему же ты не можешь пойти домой?

— Не могу. Дома ждет меня... нет, не могу, это слишком страшно.

— Тогда не спеши и останься здесь. Только протри сначала очки, ты же ничего не видишь. Вот так, дай свой платок. Что будем пить? Бургундское?

Она вытерла мои очки; теперь лишь я увидел отчетливо ее бледное, резко очерченное лицо с накрашенным, алым ртом, со светлыми, серыми глазами, с гладким, холодным лбом, с коротким, тугим локоном возле уха. Она доброжелательно и чуть насмешливо стала меня опекать, заказала вина, чокнулась со мной и при этом посмотрела вниз, на мои башмаки.

— Боже, откуда ты явился? У тебя такой вид, словно ты пришел пешком из Парижа. В таком виде не приходят на бал.

Я ответил уклончиво, немного посмеялся, предоставил говорить ей. Она мне очень нравилась, и это удивило меня, ведь таких юных девушек я до сих пор избегал и смотрел на них с некоторым недоверием. А она держалась со мной именно так, как мне и нужно было в этот момент, — о, она и потом всегда понимала, как нужно со мной держаться. Она обращалась со мной в той мере бережно, в какой мне это нужно было, и в той мере насмешливо, в какой мне это нужно было. Она заказала бутерброд и велела мне его съесть. Она налила мне вина и приказала выпить, только не слишком быстро. Потом она похвалила меня за послушание.

— Ты молодец, — сказала она ободряюще, — с тобой легко. Пари, что тебе уже давно не приходилось никого слушаться?

— Да, вы выиграли пари. Но откуда вы это знаете?

— Догадаться немудрено. Слушаться — это как есть и пить: кто долго не пил и не ел, тому еда и питье дороже всего на свете. Тебе нравится слушаться меня, правда?

— Очень нравится. Вы все знаете.

— С тобой легко. Пожалуй, дружок, я могла бы тебе и сказать, что тебя ждет дома и чего ты так боишься. Но это ты и сам знаешь, нам незачем об этом говорить, верно? Глупости! Либо ты вешаешься — ну так вешайся, значит, у тебя на то есть причины, — либо живешь дальше, и тогда заботиться надо только о жизни. Проще простого.

— О, — воскликнул я, — если бы это было так просто! Клянусь, я достаточно заботился о жизни, а все без толку. Повеситься, может быть, трудно, я этого не знаю. Но жить куда, куда труднее! Видит Бог, до чего это трудно!

— Ну, ты увидишь, что это очень легко. Начало мы уже сделали, ты вытер очки, поел, попил. Теперь мы пойдем и немного почистим твои брюки и башмаки, они в этом нуждаются. А потом ты станцуешь со мной шимми.

— Вот видите, — воскликнул я возбужденно, — я все-таки был прав! Больше всего на свете мне жаль не исполнить какой-либо ваш приказ. А этот я не могу исполнить. Я не могу станцевать ни шимми, ни вальс, ни польку или как там еще называются все эти штуки, я никогда в жизни не учился танцевать. Теперь вы видите, что не все так просто, как вам кажется?

Красивая девушка улыбнулась своими алыми губами и покачала четко очерченной, причесанной под мальчика головкой. Взглянув на незнакомку, я нашел было, что она похожа на Розу Крейслер, первую девушку, в которую я когда-то, мальчишкой, влюбился, но та была смугла и темноволоса. Нет, я не знал, кого напоминала мне незнакомка, я знал только, что это воспоминание относилось к очень ранней юности, к отрочеству.

— Погоди, — воскликнула она, — погоди! Значит, ты не умеешь танцевать? Вообще не умеешь? Даже уанстеп? И при этом ты утверждаешь, что невесть как заботился о жизни? Да ты же соврал. Ай-ай-ай, в твоем возрасте пора бы не врать. Как ты смеешь говорить, что заботился о жизни, если даже танцевать-то не хочешь?

— А если я не умею! Я этому никогда не учился.

Она засмеялась:

— Но ведь читать и писать ты учился, правда, и считать, и, наверно, учил еще латынь и французский и все такое прочее? Спорю, что ты десять или двенадцать лет просидел в школе, а потом еще, пожалуй, учился в университете и даже, может быть, именуешься доктором и знаешь китайский или испанский. Или нет? Ну вот. Но самой малости времени и денег на несколько уроков танцев у тебя не нашлось! Эх, ты!

— Это из-за моих родителей, — оправдался я, — они заставляли меня учить латынь и греческий и тому подобное. А учиться танцевать они мне не велели, у нас это не было принято, сами родители никогда не танцевали.

Она посмотрела на меня очень холодно, с полным презрением, и что-то в лице ее снова напомнило мне времена моей ранней юности.

— Вот как, виноваты, значит, твои родители! А ты их спросил, можно ли тебе сегодня вечером пойти в «Черный орел»? Спросил? Они уже давно умерли, говоришь? Ах вот оно что! Если ты из чистого послушания не стал в юности учиться танцевать — ну что ж! Хотя не думаю, что ты был тогда таким уж пай-мальчиком. Но потом — что же ты делал потом, все эти годы?

— Ах, сам не знаю, — признался я. — Был студентом, музицировал, читал книги, писал книги, путешествовал...

— Странные же у тебя представления о жизни! Ты, значит, всегда занимался трудными и сложными делами, а простым так и не научился? Не было времени? Не было охоты? Ну что ж, слава Богу, я не твоя мать. Но потом делать вид, что ты изведал жизнь и ничего в ней не нашел, — нет, это никуда не годится!

— Не бранитесь! — попросил я. — Я же знаю, что я сумасшедший.

— Да ну, не морочь мне голову! Ты вовсе не сумасшедший, господин профессор, по мне, ты даже слишком несумасшедший! Ты, мне кажется, как-то по-глупому рассудителен, совсем по-профессорски. Скушай-ка еще бутерброд! Потом расскажешь дальше.

Она опять добыла мне бутерброд, посолила его, помазала горчицей, отрезала кусочек себе и велела мне есть. Я стал есть. Я согласен был сделать все, что она ни велела бы, только не танцевать. Было неимоверно приятно слушаться кого-то, сидеть рядом с кем-то, кто расспрашивал тебя, приказывал тебе, бранил тебя. Если бы несколько часов назад профессор или его жена делали именно это, я был бы от многого избавлен. Но нет, хорошо, что так вышло, а то бы я многое потерял!

— Как, собственно, зовут тебя? — спросила она вдруг.

— Гарри.

— Гарри? Мальчишеское имя! А ты и правда мальчишка, Гарри, несмотря на седину в волосах. Ты мальчишка, и кто-то должен за тобой присматривать. О танцах уж помолчу. Но как ты причесан! Неужели у тебя нет жены, нет возлюбленной?

— Жены у меня уже нет, мы разошлись. Возлюбленная есть, но живет она не здесь, я вижу ее редко, мы не очень-то ладим.

Она тихонько свистнула сквозь зубы.

— Ты, видимо, довольно трудный господин, если все бросают тебя. Но скажи теперь, что особенного случилось сегодня вечером, почему ты метался сам не свой? Поссорился с кем-нибудь? Проиграл деньги?

Объяснить это было трудно.

— Видите ли, — начал я, — все вышло в общем-то из-за пустяка. Меня пригласили к одному профессору, сам я, кстати сказать, не профессор, — а мне, в сущности, не следовало туда ходить, я отвык сидеть в гостях и болтать, я разучился это делать. Да и в дом-то я уже вошел с чувством, что ничего путного не получится. Только я повесил шляпу, как уже сразу подумал, что, наверно, она мне скоро понадобится. Ну вот, а у этого профессора, значит, стояла на столе такая картинка, глупая картинка, и она меня разозлила...

— Что за картинка? Почему разозлила? — прервала она меня.

— Ну, картинка, изображавшая Гете, — знаете, писателя Гете. Но на ней он был не такой, как на самом деле, — впрочем, точно это вообще неизвестно, он умер сто лет назад. Просто какой-то современный художник подогнал Гете к своему представлению о нем, и эта картинка разозлила меня, показалась мне мерзкой — не знаю, понятно ли вам это?

— Очень даже понятно, не беспокойся. Дальше!

— Я уже и до этого был не согласен с профессором; он, как почти все профессора, большой патриот и во время войны вовсю помогал врать народу — от чистого сердца, конечно. А я против войны. Ну да ладно. Значит, дальше. Мне и глядеть-то на эту картинку не надо было...

— И правда, не надо было.

— Но, во-первых, мне стало жаль Гете, ведь я его очень, очень люблю, а кроме того, мне вдруг подумалось... ну, я подумал или почувствовал что-то вроде того, что вот, мол, я сижу у людей, которых считаю своими и о которых думал, что они любят Гете, как я, и видят его примерно таким же, как вижу я, а у них стоит эта пошлая, лживая, приторная картинка, и они находят ее великолепной, не замечая даже, что ее дух — прямая противоположность духу Гете. Они находят ее чудесной, и по мне — пускай, это их дело, но у меня уже нет никакого доверия к этим людям, никакой дружбы с ними, никакого чувства родства и общности. Впрочем, дружба и так-то была не бог весть какая. И тут я разозлился, загрустил, увидел, что я совсем один и никто меня не понимает. Вам это ясно?

— Что ж тут неясного, Гарри! А потом? Ты стукнул их картинкой по головам?

— Нет, я наговорил гадостей и убежал, мне хотелось домой, но...

— Но там не оказалось бы мамы, чтобы утешить или выругать глупого мальчишку. Ну, Гарри, мне тебя почти жаль, ты еще совсем ребенок.

Верно, с этим я был согласен, как мне казалось. Она дала мне выпить стакан вина. Она и правда вела себя со мной как мама. Но временами я видел, до чего она красива и молода.

— Значит, — начала она снова, — этот Гете умер сто лет назад, а наш Гарри очень его любит и чудесно представляет себе, какой у него мог быть вид, и на это у Гарри есть право, не так ли? А у художника, который тоже в восторге от Гете и имеет какое-то свое представление о нем, у него такого права нет, и у профессора тоже, и вообще ни у кого, потому что Гарри это не по душе, он этого не выносит, он может наговорить гадостей и убежать. Был бы он поумней, он просто посмеялся бы над художником и над профессором. Был бы он сумасшедшим, он швырнул бы им в лицо ихнего Гете. А поскольку он всего-навсего маленький мальчик, он убегает домой и хочет повеситься... Я хорошо поняла твою историю, Гарри. Это смешная история. Она смешит меня. Погоди, не пей так быстро! Бургундское пьют медленно, а то от него бросает в жар. Но тебе нужно все говорить, маленький мальчик.

Она взглянула на меня строго и назидательно, как какая-нибудь шестидесятилетняя гувернантка.

— О да, — попросил я, обрадовавшись, — говорите мне все.

— Что мне тебе сказать?

— Все, что захотите.

— Хорошо, я скажу тебе кое-что. Уже целый час ты слышишь, что я говорю тебе «ты», а сам все еще говоришь мне «вы». Все латынь да греческий, все бы только посложнее! Если девушка говорит тебе «ты» и она тебе не противна, ты тоже должен говорить ей «ты». Ну вот, кое-что ты и узнал. И второе: уже полчаса, как я знаю, что тебя зовут Гарри. Я это знаю, потому что спросила тебя. А ты не хочешь знать, как меня зовут.

— О нет, очень хочу.

— Поздно, малыш! Когда мы как-нибудь снова увидимся, можешь снова спросить. Сегодня я уже тебе не скажу. Ну вот, а теперь я хочу танцевать.

Она приготовилась встать, и у меня вдруг испортилось настроение, я испугался, что она уйдет и оставит меня одного, и тогда сразу все станет по-прежнему. Как возвращается вдруг, обжигая огнем, утихшая было зубная боль, так мгновенно вернулся ко мне мой ужас. Господи, неужели я забыл, что меня ждет? Разве что-нибудь изменилось?

— Погодите, — взмолился я, — не уходите... не уходи! Конечно, ты можешь танцевать сколько хочешь, но не уходи надолго, вернись, вернись!

Она, смеясь, встала. Я представлял себе ее выше ростом, она была стройна, но роста небольшого. Она снова напомнила мне кого-то — кого? Это оставалось загадкой.

— Ты вернешься?

— Вернусь, но, может быть, не так скоро, через полчаса или даже через час. Вот что я тебе скажу: закрой глаза и сосни; тебе это нужно.

Я пропустил ее, и она ушла; ее юбочка задела мои колени, на ходу она взглянула в круглое крошечное карманное зеркальце, подняла брови, припудрила подбородок крошечной пуховкой и исчезла в танцзале. Я огляделся: незнакомые лица, курящие мужчины, пролитое пиво на мраморном столике, везде крик и визг, рядом танцевальная музыка. «Мне надо соснуть», — сказала она. Ах, детка, знала бы ты, что мой сон пугливее белки! Спать в этом бедламе, сидя за столиком, среди стука пивных кружек?! Я отпил глоток вина, вынул из кармана сигару, поискал взглядом спички, но курить мне, собственно, не хотелось, я положил сигару перед собой на столик. «Закрой глаза», — сказала она мне. Одному Богу известно, откуда у этой девушки такой голос, такой низковатый, добрый голос, материнский голос. Хорошо было слушаться ее голоса, я в этом убедился. Я послушно закрыл глаза, приклонил голову к стене, услыхал, как окатывают меня сотни громких звуков, усмехнулся по поводу мысли о том, чтобы здесь уснуть, решил пройти к двери зала и заглянуть в него — ведь надо же мне было посмотреть, как танцует моя красивая девушка, — шевельнул под стулом ногами, почувствовал лишь теперь, как бесконечно устал я, прослонявшись по улицам столько часов, и остался на месте. И вот я уже спал, покорный материнскому приказу, спал жадно и благодарно и видел сон, такой ясный и такой красивый сон, каких давно не видел. Мне снилось:

Я сидел и ждал в старомодной приемной. Сперва я знал только, что обо мне доложено «его превосходительству», потом меня осенило, что примет-то меня господин фон Гете. К сожалению, я пришел сюда не совсем как частное лицо, а как корреспондент некоего журнала, это очень мешало мне, и я не мог понять, какого черта оказался в таком положении. Кроме того, меня беспокоил скорпион, который только что был виден и пытался вскарабкаться по моей ноге. Я, правда, оказал сопротивление этому черному паучку, стряхнув его, но не знал, где он притаился сейчас, и не осмеливался ощупать себя.

Да и не был я вполне уверен, что обо мне по ошибке не доложили вместо Гете Маттиссону, которому я, однако, спутав его во сне с Бюргером, приписал стихи к Молли. Впрочем, встретиться с Молли мне очень хотелось бы, я представлял ее себе чудесной женщиной, мягкой, музыкальной, вечерней. Если бы только я не сидел здесь по заданию этой проклятой редакции! Мое недовольство все возрастало и постепенно перенеслось на Гете, который вдруг вызвал у меня множество всяких упреков и возражений. Прекрасная могла бы выйти аудиенция! А скорпион, хоть он и опасен, хоть он, возможно, и спрятался поблизости от меня, был, пожалуй, не так уж и плох; он мог, показалось мне, означать и что-то приятное, вполне возможно, так мне показалось, он имеет какое-то отношение к Молли, он как бы ее гонец или ее геральдический зверь, дивный, опасный геральдический зверь женственности и греха. Может быть, имя этому зверю было Вульпиус? Но тут слуга распахнул дверь, я поднялся и вошел в комнату.

Передо мной стоял старик Гете, маленький и очень чопорный, и на его груди классика действительно была толстая орденская звезда. Казалось, он все еще вершит делами, все еще дает аудиенции, все еще правит миром из своего веймарского музея. Ибо, едва увидев меня, он отрывисто качнул головой, как старый ворон, и торжественно произнес:

— Ну-с, молодые люди, вы, кажется, не очень-то согласны с нами и нашими стараниями?

— Совершенно верно, — сказал я, и меня пронизало холодом от его министерского взгляда. — Мы, молодые люди, действительно не согласны с вами, человеком старым. Вы, на наш вкус, слишком торжественны, ваше превосходительство, слишком тщеславны и чванны, слишком неискренни. Это, пожалуй, самое важное: слишком неискренни.

Старичок немного выпятил свою строгую голову, его твердый, официально поджатый рот, разомкнувшись в усмешке, стал замечательно живым, и у меня вдруг сильно забилось сердце, я вдруг вспомнил стихотворение «С неба сумерки спускались...» и что слова этого стихотворения вышли из этого человека, из этих уст. По сути, я уже в тот же миг был совершенно обезоружен и побежден и готов упасть перед ним на колени. Но я сохранил осанку и услыхал из его усмехавшихся уст:

— Так, стало быть, вы обвиняете меня в неискренности? Что за речи! Не объяснитесь ли вы обстоятельнее?

Мне хотелось объясниться, очень хотелось.

— Вы, господин фон Гете, как все великие умы, ясно поняли и почувствовали сомнительность, безнадежность человеческой жизни — великолепие мгновения и его жалкое увядание, невозможность оплатить прекрасную высоту чувства иначе, чем тюрьмой обыденности, жгучую тоску по царству духа, которая вечно и насмерть борется со столь же жгучей и столь же священной любовью к потерянной невинности природы, все это ужасное метание в пустоте и неопределенности, эту обреченность на бренность, на всегдашнюю неполноценность, на то, чтобы вечно делать только какие-то дилетантские попытки, — короче говоря, всю безвыходность, странность, все жгучее отчаяние человеческого бытия. Все это вы знали, порой даже признавали, и тем не менее всей своей жизнью вы проповедовали прямо противоположное, выражали веру и оптимизм, притворялись перед собой и перед другими, будто в наших духовных усилиях есть что-то прочное, какой-то смысл. Вы отвергали и подавляли сторонников глубины, голоса отчаянной правды — в себе самом так же, как в Бетховене и Клейсте. Вы десятилетиями делали вид, будто накопление знаний, коллекций, писание и собирание писем, будто весь ваш веймарский стариковский быт — это действительно способ увековечить мгновенье, — а ведь вы его только мумифицировали, — действительно способ одухотворить природу, — а ведь вы ее только стилизовали, только гримировали. Это и есть неискренность, в которой мы вас упрекаем.

Старый тайный советник задумчиво посмотрел мне в глаза, на устах его все еще играла усмешка.

Затем он спросил, к моему удивлению:

— В таком случае Моцартова «Волшебная флейта» вам, наверно, очень противна?

И, прежде чем я успел решительно возразить, он продолжал:

— «Волшебная флейта» представляет жизнь как сладостную песнь, она славит наши чувства — а ведь они преходящи, — как нечто вечное и божественное, она не соглашается ни с господином фон Клейстом, ни с господином Бетховеном, а проповедует оптимизм и веру.

— Знаю, знаю! — воскликнул я со злостью. — Боже, как это пришла вам на ум именно «Волшебная флейта», которую я люблю больше всего на свете! Но Моцарт не дожил до восьмидесяти двух лет и в своей личной жизни не притязал на долговечность, на порядок, на чопорное достоинство, как вы! Он так не важничал! Он пел свои божественные мелодии, и был беден, и умер рано, непризнанный, в бедности...

У меня не хватило дыхания. Тысячи вещей надо было сейчас сказать десятью словами, у меня выступил пот на лбу.

Но Гете сказал очень дружелюбно:

— Что я дожил до восьмидесяти двух лет, может быть, и непростительно. Но удовольствия это доставило мне меньше, чем вы думаете. Вы правы: долговечности я всегда сильно желал, смерти всегда боялся и с ней боролся. Я думаю, что борьба против смерти, безусловная и упрямая воля к жизни есть та первопричина, которая побуждала действовать и жить всех выдающихся людей. Но что в конце концов приходится умирать, это, мой юный друг, я в свои восемьдесят два года доказал так же убедительно, как если бы умер школьником. В свое оправдание, если это может служить им, скажу еще вот что: в моей природе было много ребяческого, много любопытства, много готовности играть и разбазаривать время. Потому мне и понадобилось довольно много времени, чтобы понять, что играть-то уж хватит.

Говорил он это с очень озорной, даже нагловатой улыбкой. Он сделался выше ростом, чопорность в позе и напыщенность в лице исчезли. И воздух вокруг нас был теперь сплошь полон мелодий, полон гетевских песен, я явственно различал «Фиалку» Моцарта и «Вновь на долы и леса...» Шуберта. И лицо Гете было теперь розовое и молодое и смеялось, и он походил то на Моцарта, то на Шуберта, как брат, и звезда у него на груди состояла сплошь из луговых цветов, и в середине ее весело и пышно цвела желтая примула.

Меня не вполне устраивало, что старик так шутливо отделывался от моих вопросов и обвинений, и я посмотрел на него с упреком. Тогда он наклонился вперед, приблизил свой рот, сделавшийся уже совсем детским, к моему уху и тихо прошептал:

— Мальчик мой, ты принимаешь старого Гете слишком всерьез. Старых людей, которые уже умерли, не надо принимать всерьез, а то обойдешься с ними несправедливо. Мы, Бессмертные, не любим, когда к чему-то относятся серьезно, мы любим шутку. Серьезность, мальчик мой, это атрибут времени; она возникает, открою тебе, от переоценки времени. Я тоже когда-то слишком высоко ценил время, поэтому я хотел дожить до ста лет. А в вечности, видишь ли, времени нет; вечность — это всего-навсего мгновенье, которого как раз и хватает на шутку.

Говорить с ним серьезно и правда больше нельзя было, он весело и ловко приплясывал, и примула в его звезде то вылетала из нее, как ракета, то уменьшалась и исчезала. Когда он блистал своими па и фигурами, я невольно подумал, что этот человек по крайней мере не упустил случая научиться танцевать. У него это получалось замечательно. Тут я снова вспомнил о скорпионе, вернее, о Молли, и крикнул Гете:

— Скажите, Молли здесь нет?

Гете расхохотался. Он подошел к своему столу, отпер один из ящиков, вынул оттуда какую-то дорогую не то кожаную, не то бархатную коробочку, открыл ее и поднес к моим глазам. Там, мерцая на темном бархате, лежала крошечная женская ножка, безупречная, восхитительная ножка, слегка согнутая в колене, с вытянутой книзу стопой, заостренной изящнейшей линией пальчиков.

Я протянул руку, чтобы взять эту ножку, в которую уже влюбился, но, когда я хотел ухватить ее двумя пальцами, игрушка как бы чуть-чуть отпрянула, и у меня вдруг возникло подозрение, что это и есть тот скорпион. Гете, казалось, понял это, казалось даже, он как раз и хотел, как раз и добивался этого глубокого смущения, этой судорожной борьбы между желанием и страхом. Он поднес очаровательного скорпиончика к самому моему лицу, увидел мое влечение, увидел, как я в ужасе отшатнулся, и это, казалось, доставило ему большое удовольствие. Дразня меня своей прелестной, своей опасной вещицей, он снова стал совсем старым, древним, тысячелетним, седым как лунь, и его увядшее старческое лицо смеялось тихо, беззвучно, смеялось резко и загадочно, с каким-то глубокомысленным старческим юмором.

Проснувшись, я сразу забыл свой сон, лишь позже он пришел мне на память. Проспал я, видимо, около часа, среди музыки и толчеи, за ресторанным столиком — никак не думал, что я на это способен. Моя милая девушка стояла передо мной, держа руку на моем плече.

— Дай мне две-три марки, — сказала она, — я там кое-что съела.

Я отдал ей свой кошелек, она ушла с ним и скоро вернулась.

— Ну вот, теперь я немного посижу с тобой, а потом мне надо будет уйти, у меня свидание.

Я испугался.

— С кем же? — спросил я быстро.

— С одним господином, маленький Гарри. Он пригласил меня в бар «Одеон».

— О, а я-то думал, что ты не оставишь меня одного.

— Вот и пригласил бы меня. Но тебя опередили. Что ж, зато сэкономишь деньги. Знаешь «Одеон»? После полуночи только шампанское. Мягкие кресла, негритянская капелла, очень изысканно.

Всего этого я не учел.

— Ах, — сказал я просительно, — так позволь пригласить тебя мне! Я считал, что это само собой разумеется, ведь мы же стали друзьями. Позволь пригласить куда тебе угодно. Прошу тебя.

— Очень мило с твоей стороны. Но знаешь, слово есть слово, я согласилась, и я пойду. Не хлопочи больше! Выпей-ка лучше еще глоток, у нас ведь еще осталось вино в бутылке. Выпьешь его и пойдешь чин чином домой и ляжешь спать. Обещай мне.

— Нет, слушай, домой я не могу идти.

— Ах, эти твои истории! Ты все еще не разделался с этим Гете (тут я и вспомнил свой сон). Но если ты действительно не можешь идти домой, оставайся здесь, у них есть номера. Заказать тебе?

Я обрадовался и спросил, где можно будет увидеть ее снова. Где она живет? Этого она не сказала мне. Надо, мол, только немного поискать, и я уж найду ее.

— А нельзя тебя пригласить?

— Куда?

— Куда тебе хочется и когда захочется.

— Хорошо. Во вторник поужинаем в «Старом францисканце», на втором этаже. До свидания!

Она подала мне руку, и только теперь я обратил внимание на эту руку, которая так подходила к ее голосу, — красивую и полную, умную и добрую. Она насмешливо улыбнулась, когда я поцеловал ей руку.

В последний миг она еще раз обернулась ко мне и сказала:

— Я хочу еще кое-что сказать тебе — по поводу Гете. Понимаешь, то же самое, что у тебя вышло с Гете, когда тебя взорвало из-за его портрета, бывает у меня иногда со святыми.

— Со святыми? Ты такая набожная?

— Нет, я не набожная, к сожалению, но когда-то была набожная и когда-нибудь еще буду опять. Ведь времени нет для набожности.

— Времени нет? Разве для этого нужно время?

— Еще бы. Для набожности нужно время, больше того, нужна даже независимость от времени! Нельзя быть всерьез набожной и одновременно жить в действительности, да еще и принимать ее тоже всерьез — время, деньги, бар «Одеон» и все такое.

— Понимаю. Но что же это у тебя со святыми?

— Да, есть святые, которых я особенно люблю, — Стефан, святой Франциск и другие. И вот иногда мне попадаются их изображения, а также Спасителя и Богоматери, такие лживые, фальшивые, дурацкие изображения, что мне и смотреть-то на них тошно точно так же, как тебе на тот портрет Гете. Когда я вижу этакого слащавого, глупого Спасителя и вижу, как другие находят такие картинки прекрасными и возвышающими душу, я воспринимаю это как оскорбление настоящего Спасителя и я думаю: ах, зачем Он жил и так ужасно страдал, если людям достаточно и такого глупого Его изображения! Но тем не менее я знаю, что и мой образ Спасителя или Франциска — это всего лишь образ какого-то человека и до прообраза не дотягивается, что самому Спасителю мой внутренний образ Его показался бы таким же в точности глупым и убогим, как мне эти слащавые образки. Я говорю тебе это не для того, чтобы оправдать твою досаду и злость на тот портретик, нет, тут ты не прав, говорю я это, только чтобы показать тебе, что способна тебя понять. Ведь у вас, ученых и художников, полно в головах всяких необыкновенных вещей, но вы такие же люди, как прочие, и у нас, у прочих, тоже есть в головах свои мечты и свои игры. Я же заметила, ученый господин, что ты немножко смутился, думая, как рассказать мне свою историю с Гете, — тебе надо было постараться сделать свои высокие материи понятными простой девушке. Ну вот, я и хочу тебе показать, что незачем было особенно стараться. Я тебя и так понимаю. А теперь довольно! Тебе надо лечь спать.

Она ушла, а меня проводил на третий этаж старик лакей, вернее, сперва он осведомился о моем багаже и, услыхав, что багажа нет, взял с меня вперед то, что на его языке именовалось «ночлежными». Затем он поднялся со мной по старой темной лестнице, привел меня в какую-то комнатку и оставил одного. Там стояла хлипкая деревянная кровать, очень короткая и жесткая, а на стене висели сабля, цветной портрет Гарибальди и увядший венок, оставшийся от празднества какого-то клуба.

Я многое отдал бы за ночную рубашку. В моем распоряжении были по крайней мере вода и маленькое полотенце, так что я умылся, а затем лег на кровать в одежде, не погасив света. Теперь можно было спокойно подумать. Итак, с Гете дело уладилось. Чудесно, что он явился ко мне во сне! И эта замечательная девушка — знать бы ее имя! Вдруг человек, живой человек, который разбил мутный стеклянный колпак моей омертвелости и подал мне руку, добрую, прекрасную, теплую руку! Вдруг снова вещи, которые меня как-то касались, о которых я мог думать с радостью, с волнением, с интересом! Вдруг открытая дверь, через которую ко мне вошла жизнь! Может быть, я снова сумею жить, может быть, опять стану человеком. Моя душа, уснувшая на холоде и почти замерзшая, вздохнула снова, сонно повела слабыми крылышками. Гете побывал у меня. Девушка велела мне есть, пить, спать, приняла во мне дружеское участие, высмеяла меня, назвала меня глупым мальчиком. И еще она, замечательная моя подруга, рассказала мне о святых, показала мне, что даже в самых странных своих заскоках я вовсе не одинок и не представляю собой непонятного, болезненного исключения, что у меня есть братья и сестры, что меня понимают. Увижу ли я ее вновь? Да, конечно, на нее можно положиться. «Слово есть слово».

И вот я уже опять уснул, я проспал около четырех или пяти часов. Было уже больше десяти, когда я проснулся — в измятой одежде, разбитый, усталый, с воспоминанием о чем-то ужасном, случившемся накануне, но живой, полный надежд, полный славных мыслей. При возвращении в свою квартиру я не чувствовал ни малейшего подобия тех страхов, какие внушало мне это возвращение вчера.

На лестнице, выше араукарии, я встретился с «тетушкой», моей хозяйкой, которую мне редко случалось видеть, но приветливость которой мне очень нравилась. Встреча эта была мне неприятна, вид у меня, непричесанного и небритого, был как-никак довольно несвежий. Вообще-то она всегда считалась с моим желанием, чтобы меня не беспокоили и не замечали, но сегодня, кажется, и впрямь прорвалась завеса, рухнула перегородка между мной и окружающим миром — «тетушка» засмеялась и остановилась.

— Ну и гульнули же вы, господин Галлер, даже не ночевали дома. Представляю себе, как вы устали!

— Да, — сказал я и тоже засмеялся, — ночь сегодня была довольно-таки бурная, и, чтобы не нарушать стиля вашего дома, я поспал в гостинице. Я очень чту покой и добропорядочность вашего дома, иногда я кажусь себе в нем каким-то инородным телом.

— Не смейтесь, господин Галлер.

— О, я смеюсь только над самим собой.

— Вот это-то и нехорошо. Вы не должны чувствовать себя «инородным телом» в моем доме. Живите себе, как вам нравится, и делайте, что вам хочется. У меня было много очень-очень порядочных жильцов, донельзя порядочных, но никто не был спокойнее и не мешал нам меньше, чем вы. А сейчас — хотите чаю?

Я не устоял. Чай был мне подан в ее гостиной с красивыми дедовскими портретами и дедовской мебелью, и мы немного поболтали. Не задавая прямых вопросов, эта любезная женщина узнала кое-что о моей жизни и моих мыслях, она слушала меня с той смесью внимания и материнской невзыскательности, с какой относятся умные женщины к чудачествам мужчин. Зашла речь и об ее племяннике, и в соседней комнате она показала мне его последнюю любительскую поделку — радиоприемник. Вот какую машину смастерил в свои свободные вечера этот прилежный молодой человек, увлеченный идеей беспроволочности и благоговеющий перед богом техники, которому понадобились тысячи лет, чтобы открыть и весьма несовершенно представить то, что всегда знал и чем умнее пользовался каждый мыслитель. Мы поговорили об этом, ибо тетушка немного склонна к набожности и не прочь побеседовать на религиозные темы. Я сказал ей, что вездесущность всех сил и действий была отлично известна древним индийцам, а техника довела до всеобщего сознания лишь малую часть этого феномена, сконструировав для него, то есть для звуковых волн, пока еще чудовищно несовершенные приемник и передатчик. Сама же суть этого старого знания, нереальность времени, до сих пор еще не замечена техникой, но, конечно, в конце концов она тоже будет «открыта» и попадет в руки деятельным инженерам. Откроют, и, может быть, очень скоро, что нас постоянно окружают не только теперешние, сиюминутные картины и события, — подобно тому, как музыка из Парижа и Берлина слышна теперь во Франкфурте или в Цюрихе, — но что все когда-либо случившееся точно так же регистрируется и наличествует и что в один прекрасный день мы, наверно, услышим, с помощью или без помощи проволоки, со звуковыми помехами или без оных, как говорят царь Соломон и

Вальтер фон дер Фогельвайде. И все это, как сегодня зачатки радио, будет служить людям лишь для того, чтобы убегать от себя и от своей цели, опутываясь все более густой сетью развлечений и бесполезной занятости. Но все эти хорошо известные мне вещи я говорил не тем привычным своим тоном, который полон язвительного презрения к времени и к технике, а шутливо и легко, и тетушка улыбалась, и мы просидели вместе добрый час, попивали себе чай и были довольны.

На вечер вторника пригласил я эту красивую, замечательную девушку из «Черного орла», и убить оставшееся время стоило мне немалых усилий. А когда вторник наконец наступил, важность моих отношений с незнакомкой стала мне до страшного ясна. Я думал только о ней, я ждал от нее всего, я готов был все принести ей в жертву, бросить к ее ногам, хотя отнюдь не был в нее влюблен. Стоило лишь мне представить себе, что она нарушит или забудет наш уговор, и я уже ясно видел, каково мне будет тогда: мир снова станет пустым, потекут серые, никчемные дни, опять вернется весь этот ужас тишины и омертвения вокруг меня, и единственный выход из этого безмолвного ада — бритва. А бритва нисколько не стала милей мне за эти несколько дней, она пугала меня ничуть не меньше, чем прежде. Вот это-то и было мерзко: я испытывал глубокий, щемящий страх, боялся перерезать себе горло, боялся умирания, противился ему с такой дикой, упрямой, строптивой силой, словно я здоровый человек, а моя жизнь — рай. Я понимал свое состояние с полной, беспощадной ясностью, понимал, что не что иное, как невыносимый раздор между неспособностью жить и неспособностью умереть, делает столь важной для меня эту маленькую красивую плясунью из «Черного орла». Она была окошечком, крошечным светлым отверстием в темной пещере моего страха. Она была спасением, путем на волю. Она должна была научить меня жить или научить умереть, она должна была коснуться своей твердой и красивой рукой моего окоченевшего сердца, чтобы оно либо расцвело, либо рассыпалось в прах от прикосновения жизни. Откуда взялись у нее эти силы, откуда пришла к ней эта магия, по каким таинственным причинам возымела она столь глубокое значение для меня, об этом я не думал, да и было это безразлично; мне совершенно не важно было это знать. Никакое знание, никакое понимание для меня уже ничего не значило, ведь именно этим я был перекормлен, и в том-то и была для меня самая острая, самая унизительная и позорная мука, что я так отчетливо видел, так ясно сознавал свое состояние. Я видел этого малого, эту скотину Степного волка мухой в паутине, видел, как решается его судьба, как запутался он и как беззащитен, как приготовился впиться в него паук, но как близка, кажется, и рука помощи. Я мог бы сказать самые умные и тонкие вещи о связях и причинах моего страдания, моей душевной болезни, моего помешательства, моего невроза, эта механика была мне ясна. Но нужны были не знание, не понимание — не их я так отчаянно жаждал, — а впечатления, решение, толчок и прыжок.

Хотя в те дни ожидания я нисколько не сомневался, что моя приятельница сдержит слово, в последний день я был все же очень взволнован и неуверен; никогда в жизни я не ждал вечера с таким нетерпением. И как ни невыносимы становились напряжение и нетерпение, они в то же время оказывали на меня удивительно благотворное действие: невообразимо отрадно и ново было мне, разочарованному, давно уже ничего не ждавшему, ничему не радовавшемуся, чудесно это было — метаться весь день в тревоге, страхе и лихорадочном ожидании, наперед представлять себе результаты вечера, бриться ради него и одеваться (с особой тщательностью — новая рубашка, новый галстук, новые шнурки для ботинок). Кем бы ни была эта умная и таинственная девушка, каким бы образом ни вступила она в этот контакт со мной, для меня это не имело значения; она существовала, чудо случилось, я еще раз нашел человека и нашел в себе новый интерес к жизни! Важно было только, чтобы это продолжалось, чтобы я предался этому влечению, последовал за этой звездой.

Незабываем тот миг, когда я ее снова увидел! Я сидел за маленьким столиком старого уютного ресторана, предварительно, хотя в том не было нужды, заказанным мною по телефону, и изучал меню, а в стакане с водой стояли две прекрасные орхидеи, которые я купил для своей подруги. Ждать мне пришлось довольно долго, но я был уверен, что она придет, и уже не волновался. И вот она пришла, остановилась у гардероба и поздоровалась со мной только внимательным, чуть испытующим взглядом своих светло-серых глаз. Я недоверчиво проследил, как держится с нею официант. Нет, слава Богу, никакой фамильярности, ни малейшего несоблюдения дистанции, он был безупречно вежлив. И все же они были знакомы, она называла его Эмиль.

Когда я преподнес ей орхидеи, она обрадовалась и засмеялась.

— Это мило с твоей стороны, Гарри. Ты хотел сделать мне подарок — так ведь? — и не знал, что выбрать, не очень-то знал, насколько ты, собственно, вправе дарить мне что-либо, не обижусь ли я, вот ты и купил орхидеи, это всего лишь цветы, а стоят все-таки дорого. Спасибо. Кстати, скажу тебе сразу: я не хочу, чтобы ты делал мне подарки. Я живу на деньги мужчин, но на твои деньги я не хочу жить. Но как ты изменился! Тебя не узнать. В тот раз у тебя был такой вид, словно тебя только что вынули из петли, а сейчас ты уже почти человек. Кстати, ты выполнил мой приказ?

— Какой приказ?

— Забыл? Я хочу спросить, умеешь ли ты теперь танцевать фокстрот. Ты говорил, что ничего так не желаешь, как получать от меня приказы, что слушаться меня тебе милее всего. Вспоминаешь?

— О да, и это остается в силе! Я говорил всерьез.

— А танцевать все-таки еще не научился?

— Разве можно так быстро, всего за несколько дней?

— Конечно. Танцевать фокс можно выучиться за час, бостон — за два часа. Танго сложнее, но оно тебе и не нужно.

— А теперь мне пора наконец узнать твое имя.

Она поглядела на меня молча.

— Может быть, ты его угадаешь. Мне было бы очень приятно, если бы ты его угадал. Ну-ка, посмотри на меня хорошенько! Ты еще не заметил, что у меня иногда бывает мальчишеское лицо? Например, сейчас?

Да, присмотревшись теперь к ее лицу, я согласился с ней, это было мальчишеское лицо. И когда я минуту помедлил, это лицо заговорило со мной и напомнило мне мое собственное отрочество и моего тогдашнего друга — того звали Герман. На какое-то мгновение она совсем превратилась в этого Германа.

— Если бы ты была мальчиком, — сказал я удивленно, — тебе следовало бы зваться Германом.

— Кто знает, может быть, я и есть мальчик, только переодетый, — сказала она игриво.

— Тебя зовут Гермина?

Она, просияв, утвердительно кивнула головой, довольная, что я угадал. Как раз подали суп, мы начали есть, и она развеселилась, как ребенок. Красивей и своеобразней всего, что мне в ней нравилось и меня очаровывало, была эта ее способность переходить совершенно внезапно от глубочайшей серьезности к забавнейшей веселости, и наоборот, причем нисколько не меняясь и не кривляясь, этим она походила на одаренного ребенка. Теперь она веселилась, дразнила меня фокстротом, даже раз-другой толкнула меня ногой, горячо хвалила еду, заметила, что я постарался получше одеться, но нашла еще множество недостатков в моей внешности.

В ходе нашей болтовни я спросил ее:

— Как это у тебя получилось, что ты вдруг стала похожа на мальчика и я угадал твое имя?

— О, это все получилось у тебя самого. Как же ты, ученый господин, не понимаешь, что я потому тебе нравлюсь и важна для тебя, что я для тебя как бы зеркало, что во мне есть что-то такое, что отвечает тебе и тебя понимает? Вообще-то всем людям надо бы быть друг для друга такими зеркалами, надо бы так отвечать, так соответствовать друг другу, но такие чудаки, как ты, — редкость и легко сбиваются на другое: они, как околдованные, ничего не могут увидеть и прочесть в чужих глазах, им ни до чего нет дела. И когда такой чудак вдруг все-таки находит лицо, которое на него действительно глядит и в котором он чует что-то похожее на ответ и родство, ну, тогда он, конечно, радуется.

— Ты все знаешь, Гермина! — воскликнул я удивленно. — Все в точности так, как ты говоришь. И все же ты совсем-совсем иная, чем я! Ты моя противоположность, у тебя есть все, чего у меня нет.

— Так тебе кажется, — сказала она лаконично, — и это хорошо.

И тут на ее лицо, которое и в самом деле было для меня каким-то волшебным зеркалом, набежала тяжелая туча серьезности, вдруг все это лицо задышало только серьезностью, только трагизмом, бездонным, как в пустых глазах маски. Медленно, словно бы через силу произнося слово за словом, она сказала:

— Слушай, не забывай, что ты сказал мне! Ты сказал, что я должна тебе приказывать и что для тебя это будет радость — подчиняться всем моим приказам. Не забывай этого! Знай, маленький Гарри: так же, как я действую на тебя, как мое лицо дает тебе ответ и что-то во мне идет тебе навстречу и внушает тебе доверие, — точно так же и ты действуешь на меня. Когда я в тот раз увидела, как ты появился в «Черном орле», такой усталый, с таким отсутствующим видом, словно ты уже почти на том свете, я сразу почувствовала: этот будет меня слушаться, он жаждет, чтобы я ему приказывала, и я буду ему приказывать! Поэтому я и заговорила с тобой, и поэтому мы стали друзьями.

Она говорила с такой тяжелой серьезностью, с таким душевным напряжением, что я не вполне понимал ее и попытался успокоить ее и отвлечь. Она только отмахнулась от этих моих попыток движением бровей и продолжала ледяным голосом:

— Ты должен сдержать свое слово, малыш, так и знай, а то пожалеешь. Ты будешь получать от меня много приказов и будешь им подчиняться, славных приказов, приятных приказов, тебе будет сплошное удовольствие их слушаться. А под конец ты исполнишь и мой последний приказ, Гарри.

— Исполню, — сказал я почти безвольно. — Что ты прикажешь мне напоследок?

Но я уже догадывался — что, Бог знает почему. Она поежилась, словно ее зазнобило, и, кажется, медленно вышла из своей отрешенности. Ее глаза не отпускали меня. Она стала вдруг еще мрачнее.

— Было бы умно с моей стороны не говорить тебе этого. Но я не хочу быть умной, Гарри, на сей раз — нет. Я хочу чего-то совсем другого. Будь внимателен, слушай! Ты услышишь это, снова забудешь, посмеешься над этим, поплачешь об этом. Будь внимателен, малыш! Я хочу поиграть с тобой, братец, не на жизнь, а на смерть, и, прежде чем мы начнем играть, хочу раскрыть тебе свои карты.

Какое прекрасное, какое неземное было у нее лицо, когда она это говорила! В ее глазах, холодных и светлых, витала умудренная грусть, эти глаза, казалось, выстрадали все мыслимые страдания и сказали им «да». Губы ее говорили с трудом, словно им что-то мешало, — так говорят на большом морозе, когда коченеет лицо, но между губами, в уголках рта, в игре редко показывавшегося кончика языка струилась, противореча ее взгляду и голосу, какая-то милая, игривая чувственность, какая-то искренняя сладострастность. На ее тихий, ровный лоб свисал короткий локон, и оттуда, от той стороны лба, где он свисал, изливалась время от времени, как живое дыхание, эта волна мальчишества, двуполой магии. Я слушал ее испуганно и все же как под наркозом, словно бы наполовину отсутствуя.

— Ты расположен ко мне, — продолжала она, — по причине, которую я уже открыла тебе: я прорвала твое одиночество, я перехватила тебя у самых ворот ада и оживила вновь. Но я хочу от тебя большего, куда большего. Я хочу заставить тебя влюбиться в меня. Нет, не возражай мне, дай мне сказать! Ты очень расположен ко мне, это я чувствую, и благодарен мне, но ты не влюблен в меня. Я хочу сделать так, чтобы ты влюбился в меня, это входит в мою профессию; ведь я живу на то, что заставляю мужчин влюбляться в себя. Но имей в виду, я хочу сделать это не потому, что нахожу тебя таким уж очаровательным. Я не влюблена в тебя, Гарри, как и ты не влюблен в меня. Но ты нужен мне так же, как тебе нужна я. Я нужна тебе сейчас, сию минуту, потому что ты в отчаянии и нуждаешься в толчке, который метнет тебя в воду и сделает снова живым. Я нужна тебе, чтобы ты научился танцевать, научился смеяться, научился жить. А ты понадобишься мне — не сегодня, позднее — тоже для одного очень важного и прекрасного дела. Когда ты будешь влюблен в меня, я отдам тебе свой последний приказ, и ты повинуешься, и это будет на пользу тебе и мне.

Она приподняла в стакане одну из коричнево-фиолетовых с зелеными прожилками орхидей, склонила к ней на мгновение лицо и стала глядеть на цветок.

— Тебе будет нелегко, но ты это сделаешь. Ты выполнишь мой приказ и убьешь меня. Вот в чем дело. Больше не спрашивай!

Все еще глядя на орхидею, она умолкла, ее лицо перестало быть напряженным, оно расправилось, как распускающийся цветок, и вдруг на губах ее появилась восхитительная улыбка, хотя глаза еще мгновение оцепенело глядели в одну точку. А потом она тряхнула головой с маленьким мальчишеским локоном, выпила глоток вина, вспомнила вдруг, что мы сидим за ужином, и с веселым аппетитом набросилась на еду.

Я ясно слышал каждое слово ее жутковатой речи, угадал даже ее «последний приказ», прежде чем она открыла его, и уже не был испуган словами «ты убьешь меня». Все, что она сказала, прозвучало для меня убедительно, как неотвратимая предопределенность, я принял это без всякого сопротивления, и тем не менее, несмотря на ужасающую серьезность, с какой она говорила, все это казалось мне не вполне реальным и серьезным. Одна часть моей души впивала ее слова и верила им, другая часть моей души успокоительно кивала и принимала к сведению, что и у такой умной, здоровой и уверенной Гермины тоже, оказывается, есть свои причуды и помрачения. Едва было выговорено последнее из ее слов, как вся эта сцена подернулась флером нереальности и призрачности.

И все же я не мог с такой же эквилибристической легкостью, как Гермина, совершить обратный прыжок в правдоподобность и реальность.

— Значит, когда-нибудь я тебя убью? — спросил я еще в полузабытьи, хотя она уже смеялась, воодушевленно разрезая птичье мясо.

— Конечно, — кивнула она небрежно, — хватит об этом, сейчас время ужинать. Гарри, будь добр, закажи мне еще немножко зеленого салату! У тебя нет аппетита? Кажется, тебе надо учиться всему, что у других само собой получается, даже находить радость в еде. Смотри же, малыш, вот утиная ножка, и когда отделяешь прекрасное светлое мясо от косточки, то это праздник, и тут человек должен ощущать аппетит, должен испытывать волнение и благодарность, как влюбленный, когда он впервые снимает кофточку со своей девушки. Понял? Нет? Ты овечка. Погоди, я дам тебе кусочек от этой славной ножки, ты увидишь. Вот так, открой-ка рот!.. О, какое же ты чудовище! Боже, теперь он косится на других людей, не видят ли они, что я кормлю его с вилки! Не беспокойся, блудный сын, я не опозорю тебя. Но если тебе непременно нужно чье-то разрешение на твое удовольствие, тогда ты действительно бедняга.

Все нереальнее становилась недавняя сцена, все невероятнее казалось, что лишь несколько минут назад эти глаза глядели так тяжело и так леденяще. О, в этом Гермина была как сама жизнь: всегда лишь мгновение, которого нельзя учесть наперед. Теперь она ела, и утиная ножка, салат, торт и ликер принимались всерьез, становились предметом радости и суждения, разговора и фантазии. Как только убирали тарелку, начиналась новая глава. Эта женщина, разглядевшая меня насквозь, знавшая о жизни, казалось, больше, чем все мудрецы, вместе взятые, ребячилась, жила и играла мгновением с таким искусством, что сразу превратила меня в своего ученика. Была ли то высшая мудрость или простейшая наивность, но кто умел до такой степени жить мгновеньем, кто до такой степени жил настоящим, так приветливо-бережно ценил малейший цветок у дороги, малейшую возможность игры, заложенную в мгновение, тому нечего было бояться жизни. И этот-то резвый ребенок со своим хорошим аппетитом, со своим игривым гурманством был одновременно мечтательницей и истеричкой, которая желает себе смерти, или расчетливой обольстительницей, которая сознательно и с холодным сердцем хочет добиться, чтобы я влюбился в нее и стал ее рабом? Это было невероятно. Нет, просто она так целиком отдавалась мгновению, что с такой же готовностью, как любую веселую мысль, впускала в себя и переживала любой темный страх, мелькнувший в далеких глубинах ее души.

Эта Гермина, которую сегодня я видел второй раз, знала обо мне все, мне казалось невозможным что-либо от нее утаить. Может быть, она не вполне понимала мою духовную жизнь; в мои отношения с музыкой, с Гете, с Новалисом или Бодлером она, может быть, и не могла вникнуть — но и это было под большим вопросом, вероятно, и это удалось бы ей без труда. А если бы и не удалось — что уж там осталось от моей «духовной жизни»? Разве все это не рухнуло и не потеряло свой смысл? Но другие мои, самые личные мои проблемы и заботы — их она все поняла бы, в этом я не сомневался. Скоро я поговорю с ней о Степном волке, о трактате, обо всем, что пока существует для меня одного, о чем я никому еще не проронил ни слова. Я не удержался от искушения начать сейчас же.

— Гермина, — сказал я, — недавно со мной произошел странный случай. Какой-то незнакомец дал мне печатную книжечку, что-то вроде ярмарочной брошюрки, и там точно описаны вся моя история и все, что меня касается. Скажи, разве это не любопытно?

— Как же называется твоя книжечка? — спросила она невзначай.

— «Трактат о Степном волке».

— О, степной волк — это великолепно! И степной волк — это ты? Это, по-твоему, ты?

— Да, это я. Я наполовину человек и наполовину волк, так, во всяком случае, мне представляется.

Она не ответила. Она испытующе и внимательно посмотрела мне в глаза, посмотрела на мои руки, и на миг в ее взгляде и лице опять появились, как прежде, глубокая серьезность и мрачная страстность. Если я угадал ее мысли, то думала она о том, в достаточной ли мере я волк, чтобы выполнить ее «последний приказ».

— Это, конечно, твоя фантазия, — сказала она, снова повеселев, — или, если хочешь, поэтическая выдумка. Но что-то в этом есть. Сегодня ты не волк, но в тот раз, когда ты вошел в зал, словно с луны свалившись, в тебе и правда было что-то от зверя, это-то мне и понравилось. — Она вдруг спохватилась, запнулась и словно бы смущенно сказала: — До чего глупо звучат такие слова — «зверь», «хищное животное»! Не надо так говорить о животных. Конечно, они часто бывают страшные, но все-таки они куда более настоящие, чем люди.

— Что значит «более настоящие»? Как ты это понимаешь?

— Ну, взгляни на какое-нибудь животное, на кошку или на собаку, на птицу или даже на каких-нибудь больших красивых животных в зоологическом саду, на пуму или на жирафу! И ты увидишь, что все они настоящие, что нет животного, которое бы смущалось, не знало бы, что делать и как вести себя. Они не хотят тебе льстить, не хотят производить на тебя какое-то впечатление. Ничего показного. Какие они есть, такие и есть, как камни и цветы или как звезды на небе. Понимаешь?

Я понял.

— Животные большей частью бывают грустные, — продолжала она. — И когда человек очень грустен, грустен не потому, что у него болят зубы или он потерял деньги, а потому, что он вдруг чувствует, каково всё, какова вся жизнь, и грусть его настоящая, — тогда он всегда немножко похож на животное, тогда он выглядит грустно, но в нем больше настоящего и красивого, чем обычно. Так уж ведется, и, когда я впервые увидела тебя, Степной волк, ты выглядел так.

— Ну а что, Гермина, ты думаешь о той книжке, где я описан?

— Ах, знаешь, я не люблю все время думать. Поговорим об этом в другой раз. Можешь мне дать ее как-нибудь почитать.

Она попросила кофе и казалась некоторое время невнимательной и рассеянной, а потом вдруг просияла и, видимо, достигла какой-то цели в своих раздумьях.

— Ау, — воскликнула она радостно, — наконец дошло!

— Что — дошло?

— Насчет фокстрота, у меня это ни на минуту не выходило из головы. Скажи, у тебя есть комната, где мы могли бы иногда часок потанцевать вдвоем? Пусть маленькая, это не важно, лишь бы не было под тобой жильца, который поднимется и устроит скандал, если у него чуть-чуть подрожит потолок. Что ж, хорошо, очень хорошо! Тогда ты можешь дома учиться танцевать.

— Да, — сказал я робко, — тем лучше. Но я думал, что для этого нужна и музыка.

— Конечно, нужна. Ну, так музыку ты себе купишь, это стоит самое большее столько же, сколько курс у учительницы танцев. На учительнице ты сэкономишь, ею буду я сама. Значит, и музыка будет всегда к нашим услугам, и вдобавок у нас еще останется граммофон.

— Граммофон?

— Разумеется. Ты купишь небольшую такую машинку и несколько танцевальных пластинок в придачу...

— Чудесно, — воскликнул я, — и, если тебе действительно удастся научить меня танцевать, граммофон ты получишь в виде гонорара. Согласна?

Я сказал это очень бойко, но сказал не от чистого сердца. Я не мог представить себе такую совершенно несимпатичную мне машину в своем кабинетике, да и танцевать-то мне совсем не хотелось. При случае, думал я, это можно попробовать — хоть и был убежден, что я слишком стар и неповоротлив и танцевать уж не научусь. Но так, с места в карьер — это было для меня слишком стремительно, и я чувствовал, как во мне восстает все мое предубеждение старого, избалованного знатока музыки против граммофона, джаза и современных танцевальных мелодий. И чтобы теперь в моей комнате, рядом с Новалисом и Жан-Полем, в келье, где я предавался своим мыслям, в моем убежище звучали американские шлягеры, а я танцевал под них — этого люди никак не вправе были от меня требовать. Но требовали этого не какие-то отвлеченные «люди», требовала Гермина, а ей полагалось приказывать. Я подчинился. Конечно, я подчинился.

На следующий день, во второй его половине, мы встретились в кафе. Гермина уже сидела там, когда я пришел, и пила чай. Она, улыбаясь, показала мне газету, где обнаружила мое имя. Это был один из тех вызывающе реакционных листков моей родины, в которых всегда время от времени проходили по кругу злопыхательские статейки против меня. Во время войны я был ее противником, после войны призывал к спокойствию, терпению, человечности и самокритике, сопротивляясь все более с каждым днем грубой, глупой и дикой националистической травле. Это был опять выпад такого рода, плохо написанный, наполовину сочиненный самим редактором, наполовину состряпанный из множества подобных выступлений близкой ему прессы. Никто, как известно, не пишет хуже, чем защитники стареющей идеологии, никто не проявляет меньше опрятности и добросовестности в своем ремесле, чем они. Гермина прочла эту статью и узнала из нее, что Гарри Галлер — вредитель и безродный проходимец и что, конечно, дела отечества не могут не обстоять скверно, пока терпят таких людей и такие мысли и воспитывают молодежь в духе сентиментальной идеи единого человечества, вместо того чтобы воспитывать ее в боевом духе мести заклятому врагу.

— Это ты? — спросила Гермина, указывая на мое имя. — Ну и нажил же ты себе врагов, Гарри. Тебя это злит?

Я прочел несколько строк, все было как обычно, каждое из этих стереотипных ругательств было мне уже много лет знакомо до отвращения.

— Нет, — сказал я, — меня это не злит, я давно к этому привык. Я не раз высказывал мнение, что, вместо того чтобы убаюкивать себя политиканским вопросом «кто виноват», каждый народ и даже каждый отдельный человек должен покопаться в себе самом, понять, насколько он сам, из-за своих собственных ошибок, упущений, дурных привычек, виновен в войне и прочих бедах мира, что это единственный путь избежать, может быть, следующей войны. Этого они мне не прощают, еще бы, ведь сами они нисколько не виноваты — кайзер, генералы, крупные промышленники, политики, газеты, — никому не в чем себя упрекнуть, ни на ком нет ни малейшей вины! Можно подумать, что в мире все обстоит великолепно, только вот десяток миллионов убитых лежит в земле. И понимаешь, Гермина, хотя такие пасквили уже не могут меня разозлить, мне иногда становится от них грустно. Две трети моих соотечественников читают газеты этого рода, читают каждое утро и каждый вечер эти слова, людей каждый день обрабатывают, поучают, подстрекают, делают недовольными и злыми, а цель и конец всего этого — снова война, следующая, надвигающаяся война, которая, наверно, будет еще ужасней, чем эта. Все это ясно и просто, любой человек мог бы это понять, мог бы, подумав часок, прийти к тому же выводу. Но никто этого не хочет, никто не хочет избежать следующей войны, никто не хочет избавить себя и своих детей от следующей массовой резни, если это не стоит дешевле. Подумать часок, на какое-то время погрузиться в себя и задаться вопросом, в какой мере ты сам участвуешь и виновен в беспорядке и зле, царящих в мире, — этого, понимаешь, никто не хочет! И значит, так будет продолжаться, и тысячи людей будут изо дня в день усердно готовить новую войну. С тех пор как я это знаю, это убивает меня и приводит в отчаяние, для меня уже не существует ни «отечества», ни идеалов, это ведь все только декорация для господ, готовящих следующую бойню. Нет никакого смысла по-человечески думать, говорить, писать, нет никакого смысла носиться с хорошими мыслями: на двух-трех человек, которые это делают, приходятся каждодневно тысячи газет, журналов, речей, открытых и тайных заседаний, которые стремятся к обратному и его достигают.

Гермина слушала с участием.

— Да, — сказала она теперь, — тут ты прав. Конечно, война опять будет, не нужно читать газет, чтобы это знать. Можно, конечно, грустить по этому поводу, но не стоит. Это все равно что грустить о том, что как ни вертись, как ни старайся, а от смерти не отвертеться. Бороться со смертью, милый Гарри, — это всегда прекрасное, благородное, чудесное и достойное дело, а значит, бороться с войной — тоже. Но и это всегда — безнадежное донкихотство.

— Так оно, может быть, и есть, — воскликнул я резко, — но от таких истин, как та, что мы все скоро умрем и, значит, мол, на все наплевать, вся жизнь делается пошлой и глупой. По-твоему, значит, нам надо все бросить, отказаться от всякой духовности, от всяких стремлений, от всякой человечности, смириться с произволом честолюбия и денег и дожидаться за кружкой пива следующей мобилизации?

Удивителен был взгляд, который теперь метнула на меня Гермина, взгляд насмешливо-издевательский, плутоватый, отзывчиво-товарищеский и одновременно тяжелый, полный знания и глубочайшей серьезности!

— Да нет же, — сказала она совсем по-матерински. — Твоя жизнь не станет пошлой и глупой, даже если ты и знаешь, что твоя борьба успеха не принесет. Гораздо пошлее, Гарри, бороться за какое-то доброе дело, за какой-то идеал и думать, что ты обязан достигнуть его. Разве идеалы существуют для того, чтобы их достигали? Разве мы, люди, живем для того, чтобы отменить смерть? Нет, мы живем, чтобы бояться ее, а потом снова любить, и как раз благодаря ей жизнь так чудесно пылает в иные часы. Ты ребенок, Гарри. Слушайся теперь и ступай со мной, у нас сегодня много дел. Сегодня я больше не буду думать о войне и газетах. А ты?

О нет, я тоже готов был не думать о них.

Мы пошли вместе — это была наша первая совместная прогулка по городу — в магазин музыкальных принадлежностей и стали рассматривать там граммофоны, мы их открывали, закрывали, заводили, и, когда один из них показался нам вполне подходящим, очень славным и недорогим, я собрался купить его, но Гермина не хотела спешить. Она удержала меня, и мне пришлось отправиться с ней сначала в другую лавку, чтобы и там осмотреть и прослушать граммофоны всех типов и всех размеров, и лишь после этого она согласилась вернуться в первую и купить присмотренный экземпляр.

— Вот видишь, — сказал я, — мы могли сделать это проще.

— Ты думаешь? А завтра, может быть, мы увидели бы в другой витрине такую же точно машину, только на двадцать франков дешевле. И кроме того, делать покупки — это удовольствие, а что доставляет удовольствие, тем надо насладиться сполна. Тебе еще многому нужно учиться.

С помощью посыльного мы доставили наше приобретение ко мне на квартиру.

Гермина внимательно осмотрела мою гостиную, похвалила печку и диван, посидела на стульях, потрогала книги, надолго задержалась перед фотографией моей возлюбленной. Граммофон мы поставили на комод среди нагроможденных кучами книг. И тут началось мое учение. Она поставила фокстрот, показала мне первые па, взяла мою руку и стала меня водить. Я послушно топтался с ней, задевая стулья, подчинялся ее приказам, не понимал ее, наступал ей на ноги и был столь же неуклюж, сколь и усерден. После второго танца она бросилась на диван и засмеялась, как ребенок.

— Боже, до чего ты неповоротлив! Ходи просто, как будто гуляешь! Напрягаться совсем не нужно. Тебе, кажется, даже жарко стало? Ладно, передохнем пять минут! Пойми, танцевать, если умеешь, так же просто, как думать, а научиться танцевать гораздо легче. Теперь ты будешь терпимее относиться к тому, что люди не приучаются думать, что они предпочитают называть господина Галлера изменником родины и спокойно дожидаться следующей войны.

Через час она ушла, заверив меня, что в следующий раз дело пойдет уже лучше. Я держался на этот счет другого мнения и был очень разочарован своей глупостью и неуклюжестью, за этот час я, казалось, вообще ничему не научился, и мне не верилось, что в следующий раз дело пойдет лучше. Нет, чтобы танцевать, нужны были способности, которые у меня совершенно отсутствовали: веселость, невинность, легкомыслие, задор. Что ж, я ведь давно так и думал.

Но, странная вещь, в следующий раз дело и впрямь пошло лучше, и мне стало даже интересно, и в конце урока Гермина заявила, что фокстрот я уже усвоил. Но когда она вывела из этого заключение, что завтра я должен пойти танцевать с ней в какой-нибудь ресторан, я перепугался и заартачился. Она холодно напомнила мне о моем обете послушания и велела мне явиться завтра на чай в отель «Баланс».

В тот вечер я сидел дома, хотел почитать, но не смог. Я боялся завтрашнего дня; ужасно было подумать, что я, старый, робкий, застенчивый нелюдим, не только появлюсь в одном из этих пошлых современных заведений, где пьют чай и танцуют, но и выступлю среди чужих людей в роли танцора, ничего еще не умея. И признаюсь, я смеялся над самим собой и стыдился самого себя, когда один, в тихом своем кабинете, завел граммофон и тихонько, на цыпочках, прорепетировал свои фокстротные па.

На следующий день в отеле «Баланс» играл небольшой оркестр, подавали чай и виски. Я попытался подкупить Гермину, предложил ей пирожные, попытался угостить ее хорошим вином, но она осталась непреклонна.

— Ты пришел сюда не ради удовольствия. Это урок танцев.

Мне пришлось протанцевать с ней раза два-три, и в промежутке она познакомила меня с саксофонистом, смуглым красивым молодым человеком испанского или южноамериканского происхождения, который, как она сказала, умел играть на всех инструментах и говорить на всех языках мира. Этот сеньор, казалось, очень хорошо знал Гермину и находился с ней в самых дружеских отношениях, перед ним стояли два разной величины саксофона, в которые он попеременно трубил, внимательно и весело изучая своими черными блестящими глазами танцующих. К собственному удивлению, я почувствовал что-то вроде ревности к этому простодушному красивому музыканту, не любовной ревности — ведь о любви у нас с Герминой и речи не было, — а ревности более духовной, дружеской, ибо он казался мне не столь уж достойным того интереса, того прямо-таки отличительного внимания, даже почтительности, которые она к нему проявляла. Забавные приходится мне заводить здесь знакомства, подумал я недовольно.

Потом Гермину несколько раз приглашали танцевать, я оставался один за столиком и слушал музыку, музыку, какой я до сих пор не выносил. Боже, думал я, теперь, значит, мне надо освоиться здесь и прижиться в этом всегда так старательно избегаемом, так глубоко презираемом мною мире гуляк и искателей удовольствий, в этом заурядном, стандартном мире мраморных столиков, джазовой музыки, кокоток, коммивояжеров! Я уныло прихлебывал чай, рассматривая полупочтенную публику. Мой взгляд останавливался на двух красивых девушках, обе хорошо танцевали, с восхищением и завистью глядел я, как гибко, красиво, весело и уверенно они двигались.

Тут появилась Гермина, она была недовольна мной. Я здесь не для того, негодовала она, чтобы строить такую физиономию и сиднем сидеть за чаем, я обязан сейчас же взбодриться и пойти танцевать. Что, я ни с кем не знаком? Это совсем не нужно. Неужели здесь нет девушек, которые мне нравились бы?

Я указал ей на одну из тех, более красивую, которая как раз стояла неподалеку от нас. Ее прелестная бархатная юбочка, коротко остриженные густые волосы, полные, как у зрелой женщины, руки были очаровательны. Гермина настаивала на том, чтобы я тотчас подошел к ней и пригласил ее танцевать. Я отчаянно сопротивлялся.

— Да не могу же я! — сказал я, чувствуя себя несчастным. — Если бы я был красивым молодым парнем, куда ни шло! А этакий старый, неповоротливый дурак, который и танцевать-то не умеет, — да она же меня высмеет!

Гермина посмотрела на меня презрительно:

— А высмею ли я тебя, тебе, конечно, безразлично. Какой же ты трус! Каждый, кто приближается к девушке, рискует быть высмеянным, тут уж ничего не поделаешь. Так что рискни, Гарри, и в худшем случае тебя высмеют — а не то я перестану верить в твое послушание.

Она не уступала. Я удрученно встал и подошел к этой красивой девушке, как только опять заиграла музыка.

— Вообще-то я не свободна, — сказала она и с любопытством взглянула на меня своими большими живыми глазами, — но мой партнер, кажется, застрял в баре. Ну, что ж, давайте!

Я обнял ее и сделал первые шаги, еще удивляясь тому, что она не прогнала меня, но она уже поняла, как обстоит со мной дело, и стала вести меня. Танцевала она превосходно, я вошел во вкус и на время забыл все преподанные мне правила танцев, я просто плыл вместе с ней, чувствовал тугие бедра, чувствовал быстрые податливые колени моей партнерши, глядел в ее молодое сияющее лицо и признался ей, что танцую сегодня впервые в жизни. Она улыбнулась и ободрила меня, отвечая на мои восторженные взгляды и лестные слова на диво податливо, — не словами, а тихими, обворожительными движениями, сближавшими нас тесней и завлекательней. Крепко держа правую руку на ее талии, я блаженно и рьяно слушался движений ее ног, ее рук, ее плеч, я ни разу, к своему удивлению, не наступил ей на ноги, а когда музыка кончилась, мы оба остановились и хлопали в ладоши, пока опять не заиграли, а потом я еще раз, рьяно, влюбленно и благоговейно, исполнил этот обряд.

Когда танец кончился, — а кончился он слишком рано, — моя бархатная красавица удалилась, и вдруг рядом со мной оказалась Гермина, которая все время наблюдала за нами.

— Теперь ты кое-что заметил? — засмеялась она одобрительно. — Ты обнаружил, что женские ножки — это не ножки стола? Ну, молодец! Фокс ты, слава Богу, усвоил, завтра мы приступим к бостону, а через три недели — бал-маскарад в залах «Глобуса».

Был перерыв в танцах, мы сидели, и тут подошел этот красивый молодой саксофонист, господин Пабло, кивнул нам и сел рядом с Герминой. Он был с ней, казалось, в большой дружбе. Мне же, признаться, в ту первую встречу этот господин совсем не понравился. Красив-то он был, ничего не скажешь, хорош и лицом, и сложением, но никаких других достоинств я в нем не нашел. Да и владеть множеством языков было ему легко, поскольку вообще он ничего не говорил, кроме таких слов, как «пожалуйста», «спасибо», «совершенно верно», «конечно», «алло» и тому подобных, а эти слова он и правда знал на многих языках. Да, он ничего не говорил, сеньор Пабло, и, кажется, он не так уж много и думал, этот красивый кабальеро. Его дело было наяривать в джазе на саксофоне, и этому занятию он, кажется, предавался с любовью и страстью, иногда во время игры он вдруг хлопал в ладоши или позволял себе другие бурные проявления энтузиазма, например, громко и нараспев выкрикивал междометия вроде «о-о-о», «ха-ха-ха», «алло!». Вообще же он жил на свете явно лишь для того, чтобы быть красивым, нравиться женщинам, носить воротнички и галстуки самой последней моды, а также во множестве кольца на пальцах. Его вклад в беседу состоял в том, что он сидел с нами, улыбался нам, поглядывая на свои ручные часы, и скручивал себе папироски, в чем был очень искусен. Его темные красивые креольские глаза, его черные кудри не таили никакой романтики, никаких проблем, никаких мыслей — с близкого расстояния этот экзотический красавец полубог был веселым, несколько избалованным мальчишкой, только и всего. Я стал говорить с ним о его инструменте и о тембре в джазовой музыке, он должен был понять, что имеет дело со старым меломаном и знатоком по музыкальной части. Но он не подхватил этой темы, а когда я, из вежливости к нему или, скорее, к Гермине, попытался найти какое-то музыкально-теоретическое оправдание джазу, он отстранился от меня и моих усилий мирной улыбкой, и, видимо, ему было совершенно неведомо, что до и кроме джаза существовала еще какая-то другая музыка. Милый он был человек, милый и славный, и красиво улыбались его большие пустые глаза; но между ним и мной не было, казалось, ничего общего: все, что было для него важно и свято, не могло меня волновать, мы пришли из разных миров, в наших языках не было ни одного общего слова. (Но позднее Гермина сообщила мне любопытную вещь. Она сообщила, что после того разговора Пабло сказал ей насчет меня, чтобы она побережней обходилась с этим человеком, он ведь, мол, так несчастен. И когда она спросила, из чего он это заключил, тот сказал: «Бедняга, бедняга. Посмотри на его глаза! Не способен смеяться».)

Когда черноглазый откланялся и опять пошла музыка, Гермина встала.

— Теперь ты мог бы снова потанцевать со мной, Гарри. Или тебе больше не хочется?

С ней тоже я танцевал теперь легче, свободней и веселее, хотя не так беззаботно и самозабвенно, как с той, другой. Предоставив мне вести, Гермина поддавалась легко и нежно, как лепесток, и у нее тоже я теперь нашел и почувствовал все эти то льнущие, то готовые упорхнуть прелести, от нее тоже пахло женщиной и любовью, ее танец тоже проникновенно и нежно пел завлекательную песнь пола — и, однако, на все это я не мог отвечать свободно и весело, не мог забыться и отдаться полностью, целиком. Гермина была мне слишком близка, она была моим товарищем, моей сестрой, была такой же, как я, походила на меня самого и на друга моей юности Германа, мечтателя, поэта, пламенного участника моих духовных упражнений и разгулов.

— Знаю, — сказала она потом, когда я заговорил об этом, — прекрасно знаю. Я тебя еще заставлю влюбиться в меня, но это не к спеху. Пока мы товарищи, мы люди, которые надеются стать друзьями, потому что мы узнали друг друга. Теперь мы будем оба друг у друга учиться и друг с другом играть. Я покажу тебе свой маленький театр, научу тебя танцевать и быть немножко веселей и глупей, а ты покажешь мне свои мысли и кое-что из своих знаний.

— Ах, Гермина, тут нечего и показывать, ты ведь знаешь больше, чем я. Ты, девочка, удивительный человек! Во всем ты меня понимаешь и во всем впереди меня. Неужели я для тебя что-то значу? Неужели я не наскучил тебе?

Она потупила помрачневший взгляд.

— Мне не нравится, когда ты так говоришь. Вспомни тот вечер, когда ты, раздавленный отчаянием, метнулся ко мне из мучительного своего одиночества и стал моим товарищем! Почему же, потвоему, я тогда смогла узнать тебя и понять?

— Почему, Гермина? Скажи мне!

— Потому что я такая же, как ты. Потому что я так же одинока, как ты, и точно так же, как ты, не способна любить и принимать всерьез жизнь, людей и себя самое. Ведь всегда находятся такие люди, которые требуют от жизни самого высшего и не могут примириться с ее глупостью и грубостью.

— Ишь ты! — воскликнул я изумленно. — Я понимаю тебя, мой товарищ, никто не поймет тебя так, как я. И все же ты для меня загадка. Ты же так играючи справляешься с жизнью, у тебя же есть это чудесное уважение к ее мелочам и радостям, ты так искусна в жизни. Как ты можешь страдать от нее? Как ты можешь отчаиваться?

— Я не отчаиваюсь, Гарри. Но страдать от жизни — о да, в этом у меня есть опыт. Ты удивляешься, что я несчастлива, ведь я же умею танцевать и так хорошо ориентируюсь на поверхности жизни. А я, друг мой, удивляюсь, что ты так разочарован в жизни, ведь ты-то разбираешься в самых прекрасных и глубоких вещах, ведь ты же как дома в царстве духа, искусства, мысли! Поэтому мы привлекли друг друга, поэтому мы брат и сестра. Я научу тебя танцевать, играть, улыбаться и все же не быть довольным. А от тебя научусь думать и знать и все же не быть довольной. Знаешь ли ты, что мы оба дети дьявола?

— Да, мы его дети. Дьявол — это дух, и мы его несчастные дети. Мы выпали из природы и висим в пустоте. Но вот что я вспомнил: в том трактате о Степном волке, о котором я тебе говорил, сказано что-то насчет того, что это лишь иллюзия Гарри, если он думает, что у него одна или две души, что он состоит из одной или двух личностей. Каждый человек состоит из десятка, из сотни, из тысячи душ.

— Это мне очень нравится! — воскликнула Гермина. — У тебя, например, очень развито духовное начало, но зато ты очень отстал во всяких маленьких умениях жить. Мыслителю Гарри сто лет, а танцору Гарри не минуло еще и дня. Теперь мы просветим его дальше и всех его маленьких братцев, таких же маленьких, глупых и невзрослых, как он.

Она, улыбаясь, взглянула на меня. И спросила тихо, изменившимся голосом:

— А как тебе понравилась Мария?

— Мария? Кто это?

— Это та, с которой ты танцевал. Красивая девушка, очень красивая девушка. Ты был немножко влюблен в нее, насколько я могу судить.

— Разве ты с ней знакома?

— О да, мы с ней очень близко знакомы. Она тебя очень интересует?

— Она мне понравилась, и я был рад, что она была так снисходительна к тому, как я танцую.

— И только-то! Ты должен поухаживать за ней, Гарри. Она очень красива и танцует прекрасно, да ведь и ты уже влюблен в нее. Я думаю, ты добьешься успеха.

— Ах, такого честолюбия у меня нет.

— Привираешь. Я ведь знаю, у тебя где-то осталась возлюбленная и ты навещаешь ее раз в полгода, чтобы опять поссориться с ней. Конечно, это очень мило с твоей стороны, если ты хочешь хранить верность своей странной приятельнице, но позволь мне не принимать этого так уж всерьез. Я вообще подозреваю, что ты принимаешь любовь очень уж всерьез. Ну и люби себе на свой идеальный лад сколько угодно, это твое дело, об этом мне не надо заботиться. А заботиться мне надо о том, чтобы ты немножко поднаторел в маленьких, легких, житейских искусствах и играх, в этой области я твоя учительница и буду тебе лучшей учительницей, чем твоя идеальная возлюбленная, можешь не сомневаться! Тебе не мешало бы поспать с какой-нибудь красивой девушкой, Степной волк.

— Гермина, — воскликнул я измученно, — посмотри на меня, я же старый человек!

— Маленький мальчик — вот кто ты. И точно так же, как ты ленился учиться танцевать, пока чуть не упустил время, ты ленился учиться любить. О, любить идеально, трагически — это ты, друг мой, умеешь, конечно, как нельзя лучше, не сомневаюсь, что да, то да! Теперь ты научишься любить еще и обыкновенно, по-человечески. Почин-то уж сделан, скоро тебя можно будет пустить на бал. Только вот бостон надо будет тебе еще выучить, этим и займемся завтра. Я приду в три часа. Кстати, как тебе понравилась здешняя музыка?

— Очень понравилась.

— Вот видишь, это тоже прогресс, ты кое-чему научился. До сих пор ты терпеть не мог всей этой танцевальной и джазовой музыки, она была для тебя недостаточно серьезна и глубока, а теперь ты увидел, что ее вовсе не нужно принимать всерьез, но что она может быть очень милой и завлекательной. Между прочим, без Пабло всему этому оркестру грош цена. Он их ведет, он им поддает жару.

Если граммофон губил атмосферу аскетичной духовности в моем кабинете, если американские танцы врывались в мой цивилизованный музыкальный мир как какая-то помеха, как что-то чужое и разрушительное, то и в мою так четко очерченную, так строго замкнутую доселе жизнь отовсюду врывалось что-то новое, страшное и сумбурное. Трактат о Степном волке и Гермина были правы в своем учении о тысяче душ, наряду со всеми прежними во мне ежедневно обнаруживались какие-то новые души, они ставили требования, поднимали шум, и я четко, как на картине, увидел, в каком самообмане пребывал до сих пор. Придавая значение лишь тем считанным своим способностям и навыкам, в которых случайно оказался силен, я нарисовал портрет Гарри и жил жизнью Гарри, который был всего-навсего очень тонким специалистом по части поэзии, музыки и философии, а все остальное в своей личности, весь прочий хаос своих способностей, инстинктов, устремлений воспринимал как обузу и окрестил Степным волком.

Между тем это освобождение от самообмана, этот распад моей личности отнюдь не были всего лишь приятным и занятным приключением, а были, напротив, порой остро болезненны, порой почти нестерпимы. Поистине адски звучал порой граммофон в этом окружении, где все было настроено на совсем другие тона. И подчас, отплясывая уанстепы в каком-нибудь модном ресторане, среди всех этих элегантных бонвиванов и авантюристов, я казался себе изменником, предавшим все, что было у меня в жизни святого и дорогого. Оставь меня Гермина хоть на неделю в одиночестве, я незамедлительно пустился бы наутек от этих смешных потуг на бонвиванство. Но Гермина всегда была рядом; хотя я видел ее не каждый день, она зато неизменно видела меня, направляла, охраняла, разглядывала — и все мои яростные мысли о бунте и бегстве с усмешкой угадывала по моему лицу.

По мере разрушения того, что я прежде называл своей личностью, я начал понимать, почему я, несмотря на все свое отчаяние, так ужасно боялся смерти, и стал замечать, что и этот позорный и гнусный страх смерти был частью моего старого, мещанского, лживого естества. Этот прежний господин Галлер, способный сочинитель, знаток Моцарта и Гете, автор занимательных рассуждений о метафизике искусства, о гении и трагизме, о человечности, печальный затворник своей переполненной книгами кельи, был подвергнут последовательной самокритике и ее не выдержал. Этот способный и интересный господин Галлер ратовал, правда, за разум и человечность и протестовал против жестокости войны, однако во время войны он не дал поставить себя к стенке и расстрелять, что было бы логическим выводом из его мыслей, а нашел какой-то способ существования, весьма, разумеется, пристойный и благородный, но какой-то все-таки компромисс. Он был, далее, противником власти и эксплуатации, однако в банке у него лежало множество акций промышленных предприятий, и проценты с этих акций он без зазрения совести проедал. И так было во всем. Ловко строя из себя презирающего мир идеалиста, грустного отшельника и негодующего пророка, Гарри Галлер был, в сущности, буржуа, находил жизнь, которую вела Гермина, предосудительной, сокрушался о ночах, растраченных в ресторанах, о просаженных там талерах, испытывал угрызения совести и отнюдь не рвался к своему освобождению и совершенству, а, наоборот, всячески рвался назад, в те удобные времена, когда его духовное баловство еще доставляло ему удовольствие и приносило славу. Точно так же вздыхали об идеальных довоенных временах презираемые и высмеиваемые им читатели газет, потому что это было удобнее, чем извлечь какой-то урок из выстраданного. Тьфу, пропасть, он вызывал тошноту, этот Гарри Галлер! И все-таки я цеплялся за него или за его уже спадавшую маску, за его кокетство с духовностью, за его мещанский страх перед всем беспорядочным и случайным (к чему принадлежала и смерть) и язвительно-завистливо сравнивал возникающего нового Гарри, этого несколько робкого и смешного дилетанта танцзалов, с тем прежним, лживо-идеальным образом Гарри, в котором он, новый Гарри, уже успел обнаружить все неприятные черты, так возмутившие его тогда, у профессора, в портрете Гете. Он сам, прежний Гарри, был точно таким же по-мещански идеализированным Гете, этаким героем с чересчур благородным взором, светилом, которое сверкает величием, умом и человечностью, как бриллиантином, и чуть ли не растрогано благородством своей души! Сильно, однако, пообветшал, черт возьми, этот прелестный образ, в очень уж развенчанном виде представал ныне идеальный господин Галлер! Он походил на сановника, ограбленного разбойниками, который остался в драных штанах и поступил бы умней, если бы теперь вошел в роль оборванца, но вместо этого носит свои лохмотья с такой миной, словно на них все еще висят ордена, и плаксиво притязает на утраченную сановность.

Я то и дело встречался с музыкантом Пабло, и мое мнение о нем следовало пересмотреть хотя бы уж потому, что Гермина очень любила его и всячески искала его общества. Пабло запомнился мне смазливым ничтожеством, немного тщеславным красавчиком, веселым и бездумным ребенком, который с радостью дудит в свою дудку и которого легко подкупить похвалой или шоколадкой. Но Пабло не спрашивал моего мнения, оно было ему так же безразлично, как мои музыкальные теории. Он слушал меня вежливо и любезно, с неизменной улыбкой, однако настоящего ответа никогда не давал. Тем не менее казалось, что я все-таки вызвал у него интерес, он явно старался понравиться мне и показать мне свою симпатию. Когда я как-то во время одного из этих бесплодных разговоров стал от раздражения чуть ли не груб, он смущенно и грустно посмотрел мне в лицо, взял мою левую руку, погладил ее и подал мне золоченую табакерку с каким-то нюхательным порошком: это, мол, поможет. Я вопрошающе взглянул на Гермину, она утвердительно кивнула головой, и я угостился понюшкой. Вскоре я в самом деле стал свежей и бодрей, в порошке, вероятно, была примесь кокаина. Гермина сказала мне, что у Пабло много таких снадобий, он достает их какими-то тайными путями, иногда снабжает ими друзей и хорошо знает смеси и дозировки всех этих средств — обезболивающих, снотворных, вызывающих прекрасные сновиденья, веселящих, любовных.

Однажды я встретил его в городе, на набережной, и он сразу присоединился ко мне. На сей раз мне наконец удалось вызвать его на разговор.

— Господин Пабло, — сказал я ему, когда он стал играть тонкой черно-серебристой тросточкой, — вы друг Гермины, вот причина, по какой я вами интересуюсь. Но вы, скажу вам, не очень-то облегчаете мне беседу. Я много раз пытался поговорить с вами о музыке — мне было бы интересно услыхать ваше мнение, ваши возражения, ваши суждения. Но вы не удостаивали меня даже самым скупым ответом.

Он самым приветливым образом засмеялся и на сей раз не оставил меня без ответа, а невозмутимо сказал:

— Видите ли, по-моему, вовсе не стоит говорить о музыке. Я никогда не говорю о музыке. Да и что мог бы я вам ответить на ваши очень умные и верные слова? Ведь вы же были совершенно правы во всем, что вы говорили. Но, видите ли, я музыкант, а не ученый, и я не думаю, что в музыке правота чего-то стоит. Ведь в музыке важно не то, что ты прав, что у тебя есть вкус, и образование, и все такое прочее.

— Ну да. Но что же важно?

— Важно играть, господин Галлер, играть как можно лучше, как можно больше и как можно сильнее! Вот в чем штука, мсье. Если я держу в голове все произведения Баха и Гайдна и могу сказать о них самые умные вещи, то от этого нет еще никому никакой пользы. А если я возьму свою трубу и сыграю модное шимми, то это шимми, хорошее ли, плохое ли, все равно доставит людям радость, ударит им в ноги и в кровь. Только это и важно. Взгляните как-нибудь на балу на лица в тот момент, когда после долгого перерыва опять раздается музыка, — как тут сверкают глаза, вздрагивают ноги, начинают смеяться лица! Вот для чего и играешь.

— Отлично, господин Пабло. Но, кроме чувственной, есть еще и духовная музыка. Кроме той музыки, которую играют в данный момент, есть еще и бессмертная музыка, которая продолжает жить, даже если ее и не играют в данный момент. Можно лежать в одиночестве у себя в постели и мысленно повторять какую-нибудь мелодию из «Волшебной флейты» или из «Страстей по Матфею», и тогда музыка состоится без всякого прикосновения к флейте или скрипке.

— Конечно, господин Галлер. И «Томление», и «Валенсию» тоже каждую ночь молча воспроизводит множество одиноких мечтателей. Самая бедная машиносточка вспоминает у себя в конторе последний уанстеп и отстукивает на своих клавишах его такт. Вы правы, пускай у всех этих одиноких людей будет своя немая музыка, «Томление» ли, «Волшебная флейта» или «Валенсия»! Но откуда же берут эти люди свою одинокую, немую музыку? Они получают ее у нас, у музыкантов, сначала ее нужно сыграть и услышать, сначала она должна войти в кровь, а потом уже можно думать и мечтать о ней дома, в своей каморке.

— Согласен, — сказал я холодно. — И все-таки нельзя ставить на одну ступень Моцарта и новейший фокстрот. И не одно и то же — играть людям божественную и вечную музыку или дешевые однодневки.

Заметив волнение в моем голосе, Пабло тотчас же состроил самую милую физиономию, ласково погладил меня по плечу и придал своему голосу невероятную мягкость.

— Ах, дорогой мой, насчет ступеней вы, наверно, целиком правы. Я решительно ничего не имею против того, чтобы вы ставили и Моцарта, и Гайдна, и «Валенсию» на какие вам угодно ступени! Мне это совершенно безразлично, определять ступени — не мое дело, меня об этом не спрашивают. Моцарта, возможно, будут играть и через сто лет, а «Валенсию» не будут — это, я думаю, мы можем спокойно предоставить Господу Богу, он справедлив и ведает сроками, которые суждено прожить нам всем, а также каждому вальсу и каждому фокстроту, он наверняка поступит правильно. Мы же, музыканты, должны делать свое дело, выполнять свои обязанности и задачи: мы должны играть то, чего как раз в данный момент хочется людям, и играть мы это должны как только можно лучше, красивей и энергичней.

Я, вздохнув, сдался. Этого человека нельзя было пронять.

В иные мгновения старое и новое, боль и веселье, страх и радость поразительно смешивались. Я был то на небесах, то в аду, чаще и тут и там одновременно. Старый Гарри и новый жили то в жестком разладе, то в мире друг с другом. Иногда казалось, что старый Гарри совсем уж мертв, что он умер и похоронен, и вдруг он опять оказывался тут как тут, повелевал, тиранил, брал безапелляционный тон, а новый, маленький, молодой Гарри конфузился, молчал и позволял припирать себя к стенке. В другие часы молодой Гарри хватал старого за горло лихой хваткой, и тогда стон стоял, шла борьба не на жизнь, а на смерть, неотвязно возвращались мысли о бритве.

Часто, однако, боль и счастье захлестывали меня единой волной. Так было в тот миг, когда я, через несколько дней после моего танцевального дебюта, вошел вечером к себе в спальню и, к несказанному своему удивлению, изумлению, ужасу и восторгу, застал у себя в постели красавицу Марию.

Из всех сюрпризов, какие мне до сих пор преподносила Гермина, это был самый разительный. Ведь в том, что прислала мне эту райскую птицу она, я ни секунды не сомневался. Тот вечер я в виде исключения провел не с Герминой, я слушал в кафедральном соборе хорошее исполнение старинной церковной музыки — это была славная и грустная экскурсия в мою прежнюю жизнь, на нивы моей молодости, в пределы идеального Гарри. В высоком готическом зале церкви, прекрасные сетчатые своды которой, призрачно ожив, колыхались в игре немногочисленных огней, я слушал пьесы Букстехуде, Пахельбеля, Баха, Гайдна, я бродил по своим любимым старым дорогам, я вновь слышал великолепный голос одной вокалистки, певшей Баха, с которой когда-то дружил и пережил множество необыкновенных концертов. Голоса старинной музыки, ее бесконечная достойность и святость вызвали в моей памяти все взлеты, экстазы и восторги молодости, грустно и задумчиво сидел я на высоком клиросе, гостя в этом благородном, блаженном мире, который когда-то был моей родиной. При звуках одного гайдновского дуэта у меня вдруг полились слезы, я не стал дожидаться окончания концерта, отказался от встречи с певицей (о, сколько лучезарных вечеров проводил я когда-то с артистами после таких концертов!), тихонько выскользнул из собора и устало зашагал по ночным улочкам, где повсюду за окнами ресторанов джаз-оркестры играли мелодию моей теперешней жизни. О, какая получилась из моей жизни мрачная путаница!

Долго думал я, бродя в ту ночь, и о моем особенном отношении к музыке и снова усмотрел в этом столь же трогательном, сколь и злосчастном отношении к ней судьбу всей немецкой интеллигентности. В немецкой душе царит материнское право, связь с природой в форме гегемонии музыки, неведомая ни одному другому народу. Вместо того чтобы по-мужски восстать против этого, прислушаться к интеллекту, к логосу, к слову, мы, люди интеллигентные, все сплошь мечтаем о языке без слов, способном выразить невыразимое, высказать то, чего нельзя высказать. Вместо того чтобы как можно верней и честней играть на своем инструменте, интеллигентный немец всегда фрондировал против слова и разума, всегда кокетничал с музыкой. И, изойдя в музыке, в дивных и блаженных звуковых образах, в дивных и сладостных чувствах и настроениях, которые никогда не претворялись в действительность, немецкий ум прозевал большинство своих подлинных задач. Мы, люди интеллигентные, все сплошь не знали действительности, были чужды ей и враждебны, а потому и в нашей немецкой действительности, в нашей истории, в нашей политике, в нашем общественном мнении роль интеллекта была такой жалкой. Да, конечно, я часто продумывал эту мысль, томясь иной раз острым желанием создать себе наконец действительность, стать наконец серьезным и деятельным человеком, вместо того чтобы вечно заниматься эстетикой и прикладным художеством в области духа. Но это всегда кончалось признанием своего бессилия, капитуляцией перед судьбой. Правы были господа генералы и промышленники: от нас, «интеллигентов», не было толку, мы были ненужной, оторванной от действительности, безответственной компанией остроумных болтунов. Тьфу, пропасть! Бритву!

Полный таких мыслей, неся в себе отголоски музыки, с сердцем, тяжелым от грусти, от отчаянной тоски по жизни, по действительности, по смыслу, по невозвратно потерянному, я наконец вернулся домой, одолел свои лестницы, зажег в гостиной свет, безуспешно попытался немного почитать, вспомнил об уговоре, вынуждавшем меня явиться завтра вечером на виски и танцы в бар «Сесиль», и почувствовал злость и досаду не только на самого себя, но и на Гермину. Какие бы добрые и чистые побуждения ею ни руководили, каким бы замечательным существом она ни была — лучше бы она тогда дала мне погибнуть, чем толкать, чем сталкивать меня в этот сумбурный, чужой, суматошный, игрушечный мир, где я все равно всегда буду чужим и где все лучшее во мне зачахнет и сгинет.

И я грустно погасил свет, грустно вошел в свою спальню, грустно стал раздеваться, но тут меня смутил какой-то непривычный аромат, пахнуло духами, и, оглянувшись, я увидел, что в моей постели лежит красавица Мария, улыбаясь, но робко, большими голубыми глазами.

— Мария! — сказал я. И первой моей мыслью было, что моя хозяйка откажет мне от квартиры, если об этом узнает.

— Я пришла, — сказала она тихо. — Вы на меня сердитесь?

— Нет, нет. Я знаю, Гермина дала вам ключ. Ну да.

— О, вы сердитесь за это. Я уйду.

— Нет, прекрасная Мария, оставайтесь! Только как раз сегодня вечером мне очень грустно, сегодня я не смогу быть веселым, но, может быть, смогу завтра.

Я немного склонился к ней, она охватила мою голову обеими своими большими, крепкими ладонями, привлекла ее к себе и поцеловала меня взасос. Затем я сел к ней на кровать, взял ее руку, попросил ее говорить тихо, чтобы нас не услышали, и стал глядеть на ее красивое полное лицо, которое дивно и незнакомо, как какой-то большой цветок, лежало передо мной на моей подушке. Она медленно потянула мою руку к своему рту, потянула ее под одеяло и положила на свою теплую, тихо дышавшую грудь.

— Можешь не быть веселым, — сказала она. — Гермина мне уже сказала, что у тебя горе. Это ведь всякий поймет. А я тебе еще нравлюсь, а? В тот раз, когда мы танцевали, ты был очень влюблен.

Я стал целовать ее глаза, рот, шею и груди. Только что я думал о Гермине, горько и с упреками. А сейчас я держал в руках ее подарок и был благодарен. Ласки Марии не причиняли боли чудесной музыке, которую я слышал сегодня, они были достойны ее и были ее воплощением. Я медленно стягивал одеяло с красавицы, пока не добрался, целуя, до кончиков ее ног. Когда я лег к ней, ее похожее на цветок лицо улыбнулось мне всеведуще и благосклонно.

В эту ночь, рядом с Марией, я спал недолго, но крепко и хорошо, как дитя. А в промежутках между сном я пил ее прекрасную, веселую юность и узнавал в тихой болтовне множество интересных вещей о жизни ее и Гермины. О житье-бытье этого рода я знал очень мало, лишь в театральном мире попадались мне иногда раньше подобные существа, и женщины, и мужчины, полухудожники-полубеспутники. Только теперь я немного заглянул в эти любопытные, эти диковинно невинные, эти диковинно развращенные души. Все эти девушки, обычно из бедноты, слишком умные и слишком красивые, чтобы отдавать всю свою жизнь только какой-нибудь плохо оплачиваемой и безрадостной службе ради куска хлеба, жили то на случайные заработки, то на капитал своей привлекательности и приятности. Порой они сидели месяцами за пишущей машинкой, порой бывали любовницами состоятельных жуиров, получали карманные деньги и подарки, временами ходили в мехах, разъезжали на автомобилях и жили в гранд-отелях, а временами ютились на чердаках, и хотя иногда, при очень уж выгодном предложении, соглашались вступить в брак, в общем-то к нему отнюдь не стремились. Иные из них не были в любви чувственны и уступали домогательствам лишь с отвращением, выторговав самую высокую цену. Другие, и к ним принадлежала Мария, отличались необыкновенной способностью к любви и потребностью в ней, большинство знало толк в любви к обоим полам; они жили единственно ради любви и всегда, помимо официальных и платящих друзей, имели всякие другие любовные связи. Истово и деловито, тревожно и легкомысленно, умно и все-таки наобум жили эти мотыльки своей столь же ребяческой, сколь и утонченной жизнью, жили независимо, продаваясь не каждому, ожидая своей доли счастья и хорошей погоды, влюбленные в жизнь и все же привязанные к ней гораздо меньше, чем мещане, жили в постоянной готовности пойти за сказочным принцем в его замок, с постоянной, хотя и полуосознанной уверенностью в тяжелом и печальном конце.

Мария научила меня — в ту поразительную первую ночь и в последующие дни — многому, не только прелестным новым играм и усладам чувств, но и новому пониманию, новому восприятию иных вещей, новой любви. Мир танцевальных и увеселительных заведений, кинематографов, баров и чайных залов при отелях, который для меня, затворника и эстета, все еще оставался каким-то неполноценным, каким-то запретным и унизительным, был для Марии, для Гермины и их подруг миром вообще, он не был ни добрым, ни злым, ни ненавистным, в этом мире цвела их короткая, полная страстного ожидания жизнь, в нем они чувствовали себя как рыба в воде. Они любили бокал шампанского или какое-нибудь фирменное жаркое, как мы любим какого-нибудь композитора или поэта, и какой-нибудь модной танцевальной мелодии или сентиментально-слащавой песенке они отдавали такую же дань восторга, волнения и растроганности, какую мы — Ницше или Гамсуну. Рассказывая мне о моем знакомом красавце саксофонисте Пабло, Мария заговорила об одном американском сонге, который тот им иногда пел, и говорила она об этом с таким увлечением, с таким восхищением, с такой любовью, что они тронули и взволновали меня куда сильней, чем экстазы какого-нибудь эрудита по поводу какого-нибудь изысканно-благородного искусства. Я готов был восторгаться вместе с ней, каков бы этот сонг ни был; дышавшие любовью слова Марии, ее страстно загоравшийся взгляд пробили в моей эстетике широкие бреши. Оставалось, конечно, прекрасное, то немногое непревзойденно прекрасное, что не подлежало, по-моему, никаким сомнениям и спорам, прежде всего Моцарт, но где тут была граница? Разве все мы, знатоки и критики, не обожали в юности произведения искусства и художников, которые сегодня кажутся нам сомнительными и неприятными? Разве не так обстояло у нас дело с Листом, с Вагнером, а у многих даже с Бетховеном? Разве ребячески пылкая растроганность Марии американским сонгом не была таким же чистым, прекрасным, не подлежащим никаким сомнениям сопереживанием искусства, как взволнованность какого-нибудь доцента «Тристаном» или восторг дирижера при исполнении Девятой симфонии? И разве не было в этом примечательного соответствия со взглядами господина Пабло и подтверждения его правоты?

Этого красавца Пабло Мария тоже, кажется, очень любила!

— Он красивый человек, — сказал я, — мне тоже он очень нравится. Но скажи мне, Мария, как можешь ты любить наряду с ним и меня, скучного старикана, который не блещет красотой, начал уже седеть и не умеет ни играть на саксофоне, ни петь по-английски любовные песенки?

— Не говори так гадко! — возмутилась она. — Это же очень естественно. Ты тоже мне нравишься, в тебе тоже есть что-то красивое, милое и особенное, тебе нельзя быть иным, чем ты есть. Не надо говорить об этих вещах и требовать отчета. Понимаешь, когда ты целуешь мне шею или ухо, я чувствую, что ты меня любишь, что я тебе нравлюсь. Ты умеешь как-то так целовать, чуть робко, что ли, и это говорит мне: он тебя любит, он благодарен тебе за то, что ты красива. Это мне очень, очень нравится. А в каком-нибудь другом мужчине мне нравится как раз противоположное — что он меня как бы ни во что не ставит и целует меня так, словно оказывает мне милость.

Мы снова уснули. Я снова проснулся, не переставая обнимать ее, мой прекрасный, прекрасный цветок.

И поразительно — этот прекрасный цветок так и оставался все же подарком Гермины. Она так и стояла за ним, он был маской, за которой она скрывалась. И вдруг, среди прочего, я подумал об Эрике, о моей далекой злой возлюбленной, о моей бедной подруге. Красотой она, наверно, не уступала Марии, хотя и не была такой цветущей, такой раскованной, такой изобретательно-умелой в любви, и ее образ, ее любимый, глубоко вплетенный в мою судьбу образ отчетливо и мучительно стоял передо мной несколько секунд, а потом снова исчез, канул в сон, в забвенье, в грустную даль.

И картины моей жизни во множестве вставали передо мной в эту прекрасную, нежную ночь, а ведь я так долго жил пусто и бедно и без картин. Теперь, по мановению Эроса, картины забили ключом, и сердце замирало у меня от восторга и от печали по поводу того, как богата была картинная галерея моей жизни, как полна была вечных звезд и созвездий душа бедного Степного волка. Нежно и просветленно, как далекие, сливающиеся с бесконечной синевой горы, глядели на меня детство и мать, металлически звучал хор моих дружб, начинавшийся со сказочного Германа, связанного с Герминой душевным братством; благоухающие и неземные, как влажные озерные цветки из водных глубин, всплывали образы многочисленных женщин, которых я любил, которых я желал, которых воспевал, — мало кем из них я владел и лишь немногих пытался получить в полную собственность. Появилась и моя жена, с которой я прожил много лет, которая научила меня товариществу, несогласию, покорности, жена, к которой, несмотря на все передряги, у меня сохранялось глубокое доверие до того дня, когда она, обезумев и заболев, вдруг взбунтовалась и не то что ушла от меня, а сбежала, — и я понял, как сильно любил я ее и как глубоко доверял ей, если, обманув мое доверие, она нанесла мне такой тяжелый удар, и притом на всю жизнь.

Эти картины — их были сотни, с названиями и без названий — все до одной вернулись опять, вынырнув во всей своей свежести и новизне из кладезя этой ночи любви, и я опять вспомнил то, что давно забыл за бедой — что они-то и составляют достояние и ценность моей жизни, что они нерушимы, эти ставшие звездами истории, которые я мог забыть, но не мог уничтожить, череда которых была сказкой моей жизни, а звездный их блеск — нерушимой ценностью моего существования на свете. Жизнь моя была трудной, сбивчивой и несчастливой, она привела к отречению и отрицанию, она была горькой от соли, примешанной ко всем человеческим судьбам, но она была богатой, богатой и гордой, она была и в беде царской жизнью. Как ни убого растрачивается остаток пути до окончательной гибели, ядро этой жизни было благородно, в ней были недюжинность и накал, в ней дело шло не о жалких грошах, а о звездах.

Это было сравнительно давно, и с тех пор случилось много всяких событий и перемен, я плохо помню теперь все подробности той ночи, помню лишь какие-то отдельные наши слова, отдельные, полные глубокой любовной нежности прикосновенья, помню светлые, как звезды, минуты, когда мы пробуждались от тяжелого сна любовной усталости. Но именно в ту ночь, впервые с начала моей погибели, собственная моя жизнь взглянула на меня неумолимо сияющими глазами, именно в ту ночь я снова почувствовал, что случай — это судьба, а развалины моего бытия — божественные обломки. Моя душа снова вздохнула, мои глаза опять стали видеть, и минутами меня бросало в жар от догадки, что стоит лишь мне собрать разбросанные образы, стоит лишь поднять до образа всю свою гарри-галлеровскую волчью жизнь целиком, как я сам войду в сонм образов и стану Бессмертным. Разве не к этой цели стремилась жизнь каждого человека, разве не была она разбегом к ней, попыткой достигнуть ее?

Наутро я должен был, разделив с Марией свой завтрак, тайком вывести ее из дому, и это удалось. В тот же день я снял ей и себе в соседнем квартале комнатку только для наших свиданий.

Моя учительница танцев Гермина являлась как положено, и мне все же пришлось разучивать бостон. Она была строга и неумолима и не освободила меня ни от одного урока, ибо было решено, что на следующий бал-маскарад я пойду с ней. Она попросила у меня денег на костюм, о котором, однако, отказалась сказать хоть что-нибудь. Навещать ее или хотя бы знать, где она живет, мне все еще не было дозволено.

Это время перед маскарадом, около трех недель, прошло необыкновенно хорошо. Мария казалась мне первой в моей жизни настоящей возлюбленной. От женщин, которых я прежде любил, я всегда требовал ума и образованности, не вполне отдавая себе отчет в том, что даже очень умная и относительно очень образованная женщина никогда не отвечала запросам моего разума, а всегда противостояла им; я приходил к женщинам со своими проблемами и мыслями, и мне казалось совершенно невозможным любить дольше какого-нибудь часа девушку, которая не прочитала почти ни одной книжки, почти не знает, что такое чтение, и не смогла бы отличить Чайковского от Бетховена. У Марии не было никакого образования, она не нуждалась в этих окольных дорогах и мирах-заменителях, все ее проблемы вырастали непосредственно из чувств. Добиться как можно большего чувственного и любовного счастья отпущенными ей чувствами, своей особенной фигурой, своими красками, своими волосами, своим голосом, своей кожей, своим темпераментом, найти, выколдовать у любящего отзыв, понимание, несущую счастье ответную игру для каждой своей прелести, для каждого изгиба своих линий, для каждой извилинки своего тела — вот в чем состояли ее искусство, ее задача. Уже во время того первого робкого танца с ней я ощутил это, уже тогда почуял я этот аромат гениальной, восхитительно изощренной чувственности и был околдован им. И не случайно, конечно, всеведущая Гермина подвела ко мне эту Марию. В ее аромате, во всем ее облике было что-то от лета, что-то от роз.

Я не имел счастья быть единственным возлюбленным Марии или пользоваться ее предпочтением, я был одним из многих. Часто у нее не оказывалось времени для меня, иногда она уделяла мне какой-нибудь час во второй половине дня, изредка — ночь. Брать деньги она у меня не хотела, за этим, наверно, крылась Гермина. Но подарки она принимала с удовольствием, и если я дарил ей, например, новый кошелек из красной лакированной кожи, туда разрешалось предварительно положить несколько золотых монет. Кстати, из-за этого красного кошелечка она подняла меня на смех! Кошелек был великолепен, но он был устарелого, уже не модного образца. В этих вопросах — а дотоле я смыслил в них меньше, чем в каком-нибудь эскимосском языке, — я многое узнал от Марии. Прежде всего я узнал, что все эти безделушки, все эти модные предметы роскоши — вовсе не чепуха, вовсе не выдумка корыстных фабрикантов и торговцев, а полноправный, прекрасный, разнообразный маленький или, вернее, большой мир вещей, имеющих одну-единственную цель — служить любви, обострять чувства, оживлять мертвую окружающую среду, волшебно наделяя ее новыми органами любви — от пудры и духов до бальной туфельки, от перстня до портсигара, от пряжки для пояса до сумки. Эта сумка не была сумкой, этот кошелек не был кошельком, цветы не были цветами, веер не был веером, все было пластическим материалом любви, магии, очарования, было гонцом, контрабандистом, оружием, боевым кличем.

Я часто думал — кого, собственно, любила Мария? Больше всего, по-моему, любила она юного саксофониста Пабло, обладателя отрешенных черных глаз и длинных, бледных, благородных и грустных кистей рук. Я считал этого Пабло несколько сонным, избалованным и пассивным в любви, но Мария заверила меня, что он хоть и медленно разгорается, но зато потом бывает напряженнее, тверже, мужественней и требовательней, чем какой-нибудь боксер или наездник. И вот так я узнал тайные вещи о разных людях, о джазисте, об актере, о многих женщинах, о девушках и мужчинах нашего круга, узнал всякого рода тайны, заглянул за поверхность связей и неприязней, стал постепенно (это я-то, совершенно чужой в этом мире, никак не соприкасавшийся с ним) посвященным и причастным лицом. Многое узнал я и о Гермине. Особенно же часто встречался я теперь с господином Пабло, которого Мария очень любила. Иногда она прибегала и к его тайным средствам, да и мне порой доставляла эти радости, и Пабло всегда особенно рвался удружить мне. Однажды он сказал мне об этом без околичностей:

— Вы так несчастны, это нехорошо, так не надо. Мне жаль. Выкурите трубочку опиума.

Мое мнение об этом веселом, умном, ребячливом и притом непостижимом человеке то и дело менялось, мы стали друзьями, нередко я угощался его снадобьями. Моя влюбленность в Марию его немного забавляла. Однажды он устроил «праздник» в своей комнате, мансарде какой-то пригородной гостиницы. Там был только один стул, Марии и мне пришлось сидеть на кровати. Он дал нам выпить — слитого из трех бутылочек, таинственного, чудесного ликеру. А потом, когда я пришел в очень хорошее настроение, он, с горящими глазами, предложил нам учинить втроем любовную оргию. Я ответил резким отказом, такое было для меня немыслимо, но покосился все-таки на Марию, чтобы узнать, как она к этому относится, и, хотя она сразу же присоединилась к моему ответу, я увидел, как загорелись ее глаза, и почувствовал ее сожаление о том, что это не состоится. Пабло был разочарован моим отказом, но не обижен.

— Жалко, — сказал он. — Гарри слишком опасается за мораль. Ничего не поделаешь. А было бы славно, очень славно! Но у меня есть замена.

Мы сделали по нескольку затяжек и неподвижно, сидя с открытыми глазами, пережили втроем предложенную им сцену, причем Мария дрожала от исступления. Когда я ощутил после этого легкое недомогание, Пабло уложил меня в кровать, дал мне несколько капель какого-то лекарства, и, закрыв на минуту-другую глаза, я почувствовал воздушно-беглое прикосновение чьих-то губ сперва к одному, потом к другому моему веку. Я принял это так, словно полагал, что меня поцеловала Мария. Но я-то знал, что поцеловал меня он.

А однажды вечером он поразил меня еще больше. Он появился в моей квартире, сказал мне, что ему нужно двадцать франков, что он просит у меня эту сумму и предлагает мне взамен, чтобы сегодня ночью Марией располагал не он, а я.

— Пабло, — сказал я испуганно, — вы сами не знаете, что вы говорите. Уступать за деньги свою возлюбленную другому — это считается у нас верхом позора. Я не слышал вашего предложения, Пабло.

Он посмотрел на меня с сочувствием.

— Вы не хотите, господин Гарри. Ладно. Вы всегда сами устраиваете себе затрудненья. Что ж, не спите сегодня ночью с Марией, если вам это приятнее, и дайте мне деньги просто так, вы получите их обратно. Мне они крайне нужны.

— Зачем?

— Для Агостино — знаете, маленький такой, вторая скрипка. Он уже неделю болен, и никто за ним не ухаживает, денег у него нет ни гроша, а тут и у меня все вышли.

Из любопытства, да и в наказание себе, я отправился с ним к Агостино, которому он принес в его каморку, жалкую чердачную каморку, молоко и лекарство, взбил постель, проветрил комнату, наложил на пылавшую жаром голову красивый, приготовленный по всем правилам искусства компресс — все это быстро, нежно, умело, как хорошая сестра милосердия. В тот же вечер, я видел, он играл на саксофоне в баре «Сити», играл до самого утра.

С Герминой я часто долго и обстоятельно говорил о Марии, о ее руках, плечах, бедрах, о ее манере смеяться, целоваться, танцевать.

— А это она тебе уже показала? — спросила однажды Гермина и описала мне некую особую игру языка при поцелуе. Я попросил ее, чтобы она сама показала мне это, но она с самым серьезным видом осадила меня. — Еще не время, — сказала она, — я еще не твоя возлюбленная.

Я спросил ее, откуда известны ей это искусство Марии и многие тайные подробности ее жизни, о которых пристало знать лишь любящему мужчине.

— О, — воскликнула она, — мы ведь друзья! Неужели ты думаешь, что у нас могут быть секреты друг от друга? Я довольно часто спала и играла с ней. Да, ты поймал славную девушку, она умеет больше, чем другие.

— Думаю все же, Гермина, что и у вас есть секреты друг от друга. Или ты и обо мне рассказала ей все, что знаешь?

— Нет, это другие вещи, которых ей не понять. Мария чудесна, тебе повезло, но между тобою и мной есть вещи, о которых она понятия не имеет. Я многое рассказала ей о тебе, еще бы, гораздо больше, чем то пришлось бы тебе по вкусу тогда — я же должна была соблазнить ее для тебя! Но понять, друг мой, как я тебя понимаю, ни Мария, ни еще какая-нибудь другая никогда не поймет. От нее я узнала о тебе и еще кое-что, я знаю о тебе все, что о тебе знает Мария. Я знаю тебя почти так же хорошо, как если бы мы уже часто спали друг с другом.

Когда я снова встретился с Марией, мне было странно и диковинно знать, что Гермину она прижимала к сердцу так же, как меня, что ее волосы и кожу она так же осязала, целовала и испытывала, как мои. Новые, непрямые, сложные отношения и связи всплыли передо мной, новые возможности любить и жить, и я думал о тысяче душ трактата о Степном волке.

В ту недолгую пору, между моим знакомством с Марией и большим балом-маскарадом, я был прямо-таки счастлив, и все же у меня ни разу не было чувства, что это и есть избавление, достигнутое блаженство, нет, я очень отчетливо ощущал, что все это — только пролог и подготовка, что все неистово стремится вперед, что самое главное еще впереди.

Танцевать я научился настолько, что мне казалось теперь возможным участвовать в бале, о котором с каждым днем толковали все больше. У Гермины был секрет, она так и не открывала мне, в каком маскарадном наряде она появится. Уж как-нибудь я узнаю ее, говорила она, а не сумею узнать — она мне поможет, но заранее мне ничего не должно быть известно. С другой стороны, и мои планы насчет костюма не вызывали у нее ни малейшего любопытства, и я решил вообще не переодеваться никем. Мария, когда я стал приглашать ее на бал, заявила мне, что на этот праздник она уже обзавелась кавалером, у нее и в самом деле был уже входной билет, и я несколько огорчился, поняв, что на праздник мне придется явиться в одиночестве. Костюмированный бал, ежегодно устраиваемый в залах «Глобуса» людьми искусства, был самым аристократическим в городе.

В эти дни я мало видел Гермину, но накануне бала она побывала у меня, зайдя за билетом, который я ей купил.

Она мирно сидела со мной в моей комнате, и тут произошел один примечательный разговор, произведший на меня глубокое впечатление.

— Теперь тебе живется в общем-то хорошо, — сказала она, — танцы идут тебе на пользу. Кто месяц тебя не видел, не узнал бы тебя.

— Да, — признал я, — мне уже много лет не жилось так хорошо. Это все благодаря тебе, Гермина.

— О, а не благодаря ли твоей прекрасной Марии?

— Нет. Ведь и ее подарила мне ты. Она чудесная.

— Она — та возлюбленная, которая была нужна тебе, Степной волк. Красивая, молодая, всегда в хорошем настроении, очень умная в любви и доступная не каждый день. Если бы тебе не приходилось делить ее с другими, если бы она не была у тебя всегда лишь мимолетной гостьей, так хорошо не получилось бы.

Да, я должен был признать и это.

— Значит, теперь у тебя есть, собственно, все, что тебе нужно?

— Нет, Гермина, это не так. У меня есть что-то прекрасное и прелестное, большая радость, великое утешение. Я прямо-таки счастлив...

— Ну вот! Чего же ты еще хочешь?

— Я хочу большего. Я недоволен тем, что я счастлив, я для этого не создан, это не мое призвание. Мое призвание в противоположном.

— Значит, в том, чтобы быть несчастным? Ну, этого-то у тебя хватало и прежде — помнишь, когда ты из-за бритвы не мог вернуться домой.

— Нет, Гермина, не в том дело. Верно, тогда я был очень несчастен. Но это было глупое несчастье, неплодотворное.

— Почему же?

— Потому что иначе у меня не было бы этого страха перед смертью, которой я ведь желал! Несчастье, которое мне нужно и о котором я тоскую, другого рода. Оно таково, что позволит мне страдать с жадностью и умереть с наслажденьем. Вот какого несчастья или счастья я жду.

— Я понимаю тебя. В этом мы брат и сестра. Но почему ты против того счастья, которое нашел теперь, с Марией? Почему ты недоволен?

— Я ничего не имею против этого счастья, о нет, я люблю его, я благодарен ему. Оно прекрасно, как солнечный день среди дождливого лета. Но я чувствую, что оно недолговечно. Это счастье тоже неплодотворно. Оно делаёт довольным, но быть довольным — это не по мне. Оно усыпляет Степного волка, делает его сытым. Но это не то счастье, чтобы от него умереть.

— А умереть, значит, нужно, Степной волк?

— По-моему, да! Я очень доволен своим счастьем, я способен еще долго его выносить. Но когда мое счастье оставляет мне час-другой, чтобы очнуться и затосковать, вся моя тоска направлена не на то, чтобы навсегда удержать это счастье, а на то, чтобы снова страдать, только прекраснее и менее жалко, чем прежде. Я тоскую о страданиях, которые дали бы мне готовность умереть.

Гермина нежно посмотрела мне в глаза — тем темным взглядом, что иногда появлялся у нее так внезапно. Великолепные, страшные глаза! Медленно, подбирая каждое слово отдельно, она сказала, сказала так тихо, что я должен был напрячься, чтобы это расслышать:

— Сегодня я хочу сказать тебе кое-что, нечто такое, что давно знаю, да и ты это уже знаешь, но еще, может быть, себе не сказал. Я скажу тебе сейчас, что я знаю о себе и о тебе и про нашу судьбу. Ты, Гарри, был художником и мыслителем, человеком, исполненным радости и веры, ты всегда стремился к великому и вечному, никогда не довольствовался красивым и малым. Но чем больше будила тебя жизнь, чем больше возвращала она тебя к тебе самому, тем больше становилась твоя беда, тем глубже, по самое горло, погружался ты в страдание, страх и отчаяние, и все то прекрасное и святое, что ты когда-то знал, любил, чтил, вся твоя прежняя вера в людей и в наше высокое назначение — все это нисколько не помогло тебе, потеряло цену, разбилось вдребезги. Твоей вере стало нечем дышать. А удушье — жестокая разновидность смерти. Это правильно, Гарри? Это действительно твоя судьба?

Я кивал, кивал, кивал головой.

— У тебя было какое-то представление о жизни, была какая-то вера, какая-то задача, ты был готов к подвигам, страданиям и жертвам — а потом ты постепенно увидел, что мир не требует от тебя никаких подвигов, жертв и всякого такого, что жизнь — это не величественная поэма с героическими ролями и всяким таким, а мещанская комната, где вполне довольствуются едой и питьем, кофе и вязаньем чулка, игрой в тарок и радиомузыкой. А кому нужно и кто носит в себе другое, нечто героическое и прекрасное, почтение к великим поэтам или почтение к святым, тот дурак и донкихот. Вот так. И со мной было то же самое, друг мой! Я была девочкой с хорошими задатками, созданной для того, чтобы жить по высокому образцу, предъявлять к себе высокие требования, выполнять достойные задачи. Я могла взять на себя большой жребий, быть женой короля, возлюбленной революционера, сестрой гения, матерью мученика. А жизнь только и позволила мне стать куртизанкой более или менее хорошего вкуса, да и это далось мне с великим трудом! Вот как случилось со мной. Одно время я была безутешна и долго искала вину в самой себе. Ведь жизнь, думала я, в общем-то всегда права, и если жизнь посмеялась над моими мечтаниями, значит, думала я, мои мечты были глупы, не правы. Но это не помогало. А поскольку у меня были хорошие глаза и уши, да и некоторое любопытство тоже, я стала присматриваться к так называемой жизни, к своим знакомым и соседям, к более чем пяти десяткам людей и судеб, и тут я увидела, Гарри: мои мечты были правы, тысячу раз правы, так же как и твои. А жизнь, а действительность была не права. Если такой женщине, как я, оставалось либо убого и бессмысленно стареть за пишущей машинкой на службе у какого-нибудь добытчика денег, или ради его денег выйти за него замуж, либо стать чем-то вроде проститутки, то это было так же неправильно, как и то, что такой человек, как ты, должен в одиночестве, в робости, в отчаянии хвататься за бритву. Моя беда была, может быть, более материальной и моральной, твоя — более духовной, но путь был один и тот же. Думаешь, мне непонятны твой страх перед фокстротом, твое отвращение к барам и танцзалам, твоя брезгливая неприязнь к джазовой музыке и ко всей этой ерунде? Нет, они мне слишком понятны, и точно так же понятны твое отвращение к политике, твоя печаль по поводу болтовни и безответственной возни партий, прессы, твое отчаяние по поводу войны — и той, что была, и той, что будет, по поводу нынешней манеры думать, читать, строить, делать музыку, праздновать праздники, получать образование! Ты прав, Степной волк, тысячу раз прав, и все же тебе не миновать гибели. Ты слишком требователен и голоден для этого простого, ленивого, непритязательного сегодняшнего мира, он отбросит тебя, у тебя на одно измерение больше, чем ему нужно. Кто хочет сегодня жить и радоваться жизни, тому нельзя быть таким человеком, как ты и я. Кто требует вместо пиликанья музыки, вместо удовольствия — радости, вместо баловства — настоящей страсти, для того этот славный наш мир — не родина...

Она потупила взгляд и задумалась.

— Гермина, — воскликнул я с нежностью, — сестра, какие хорошие у тебя глаза! И все-таки ты обучила меня фокстроту! Но как это понимать, что такие люди, как мы, с одним лишним измерением, не могут здесь жить? В чем тут дело? Это лишь в наше время так? Или это всегда было?

— Не знаю. К чести мира, готова предположить, что все дело лишь в нашем времени, что это только болезнь, только нынешняя беда. Вожди рьяно и успешно работают на новую войну, а мы тем временем танцуем фокстрот, зарабатываем деньги и едим шоколадки — ведь в такое время мир должен выглядеть скромно. Будем надеяться, что другие времена были лучше и опять будут лучше, богаче, шире, глубже. Но нам это не поможет. И, может быть, так всегда было...

— Всегда так, как сегодня? Всегда мир только для политиков, спекулянтов, лакеев и кутил, а людям нечем дышать?

— Ну да, я этого не знаю, никто этого не знает. Да и не все ли равно? Но я, друг мой, думаю сейчас о твоем любимце, о котором ты мне иногда рассказывал и читал письма, о Моцарте. А как было с ним? Кто в его времена правил миром, снимал пенки, задавал тон и имел какой-то вес — Моцарт или дельцы, Моцарт или плоские людишки? А как он умер и как похоронен? И, наверно, думается мне, так было и будет всегда, и то, что они там в школах называют «всемирной историей», которую полагается для образования учить наизусть, все эти герои, гении, великие подвиги и чувства — все это просто ложь, придуманная школьными учителями для образовательных целей и для того, чтобы чем-то занять детей в определенные годы. Всегда так было и всегда так будет, что время и мир, деньги и власть принадлежат мелким и плоским, а другим, действительно людям, ничего не принадлежит. Ничего, кроме смерти.

— И ничего больше?

— Нет, еще вечность.

— Ты имеешь в виду имя, славу в потомстве?

— Нет, волчонок, не славу — разве она чего-то стоит? И неужели ты думаешь, что все действительно настоящие и в полном смысле слова люди прославились и известны потомству?

— Нет, конечно.

— Ну вот, значит, не славу! Слава существует лишь так, для образования, это забота школьных учителей. Не славу, о нет! А то, что я называю вечностью. Верующие называют это Царством Божиим. Мне думается, мы, люди, мы все, более требовательные, знающие тоску, наделенные одним лишним измерением, мы и вовсе не могли бы жить, если бы, кроме воздуха этого мира, не было для дыхания еще и другого воздуха, если бы, кроме времени, не существовало еще и вечности, а она-то и есть царство истинного. В нее входят музыка Моцарта и стихи твоих великих поэтов, в нее входят святые, творившие чудеса, претерпевшие мученическую смерть и давшие людям великий пример. Но точно так же входит в вечность образ каждого настоящего подвига, сила каждого настоящего чувства, даже если никто не знает о них, не видит их, не запишет и не сохранит для потомства. В вечности нет потомства, а есть только современники.

— Ты права, — сказал я.

— Верующие, — продолжала она задумчиво, — знали об этом все-таки больше других. Поэтому они установили святых и то, что они называют «ликом святых». Святые — это по-настоящему люди, младшие братья Спасителя. На пути к ним мы находимся всю свою жизнь, нас ведет к ним каждое доброе дело, каждая смелая мысль, каждая любовь. Лик святых — в прежние времена художники изображали его на золотом небосводе, лучезарном, прекрасном, исполненном мира, — он и есть то, что я раньше назвала «вечностью». Это царство по ту сторону времени и видимости. Там наше место, там наша родина, туда, Степной волк, устремляется наше сердце, и потому мы тоскуем по смерти. Там ты снова найдешь своего Гете, и своего Новалиса, и Моцарта, а я своих святых, Христофора, Филиппо Нери — всех. Есть много святых, которые сначала были закоренелыми грешниками, грех тоже может быть путем к святости, грех и порок. Ты будешь смеяться, но я часто думаю, что, может быть, и мой друг Пабло — скрытый святой. Ах, Гарри, нам надо продраться через столько грязи и вздора, чтобы прийти домой! И у нас нет никого, кто бы повел нас, единственный наш вожатый — это тоска по дому.

Последние свои слова она произнесла опять еле слышно, и в комнате наступила мирная тишина, солнце садилось, и золотые литеры на многих корешках моих книг мерцали в его лучах. Я взял в ладони голову Гермины, поцеловал ее в лоб и прижался щекой к ее щеке — по-братски. Несколько мгновений мы оставались в такой позе. Я предпочел бы остаться в такой позе и уже никуда сегодня не выходить. Но на эту ночь, последнюю перед большим балом, Мария обещала себя мне.

По дороге к ней думал я, однако, не о Марии, а о том, что сказала Гермина. Все это, так мне казалось, были, вероятно, не ее собственные мысли, а мои, которые эта ясновидящая, прочтя и вдохнув их в себя, воспроизвела мне так, что они обрели форму и предстали передо мной в новом виде. За то, что она высказала мысль о вечности, я был ей особенно благодарен в тот час. Мне нужна была эта мысль, без нее я не мог жить и не мог умереть. Святая потусторонняя жизнь, не связанная ни с каким временем, мир вечных ценностей, божественной сущности — вот что было сегодня заново подарено мне моей подругой и учительницей танцев. Я невольно вспомнил свой гетевский сон, вспомнил облик старого мудреца, который смеялся таким нечеловеческим смехом и шутил со мной на свой бессмертный манер. Теперь только понял я его смех, смех Бессмертных. Он был беспредметен, этот смех, он был только светом, только прозрачностью, он был тем, что остается в итоге, когда подлинный человек, пройдя через людские страдания, пороки, ошибки, страсти и недоразумения, прорывается в вечность, в мировое пространство. А «вечность» была не чем иным, как избавлением времени, неким возвратом его к невинности, неким обратным превращением его в пространство.

Я поискал Марию в том месте, где мы обычно ужинали в наши вечера, но она еще не пришла.

Я сидел в ожидании за накрытым столом в тихом трактирчике на окраине города, продолжая думать о нашем разговоре. Все эти мысли, объявившиеся между Герминой и мной, казались мне такими знакомыми, такими родными, они словно бы выплыли из сокровеннейших глубин моей мифологии, моего мира образов! Бессмертные, отрешенно живущие во вневременном пространстве, ставшие образами, хрустальная вечность, обтекающая их, как эфир, и холодная, звездная, лучезарная ясность этого внеземного мира — откуда же все это так мне знакомо? Я задумался, и на ум мне пришли отдельные пьесы из «Кассаций» Моцарта, из «Хорошо темперированного клавира» Баха, и везде в этой музыке светилась, казалось мне, эта холодная, звездная прозрачность, парила эта эфирная ясность. Да, именно так, эта музыка была чем-то вроде застывшего, превратившегося в пространство времени, и над ней бесконечно парили сверхчеловеческая ясность, вечный, божественный смех. О, да ведь и старик Гете из моего сновидения был здесь вполне уместен! И вдруг я услышал вокруг себя этот непостижимый смех, услышал, как смеются Бессмертные. Я завороженно сидел, завороженно вытащил карандаш из кармана жилетки, поискал глазами бумагу, увидел перед собой прейскурант вин и стал писать на его обороте, писать стихи, которые лишь на следующий день нашел у себя в кармане. Вот они:

Бессмертные

К нам на небо из земной юдоли
Жаркий дух вздымается всегда —
Спесь и сытость, голод и нужда,
Реки крови, океаны боли,
Судороги страсти, похоть, битвы,
Лихоимцы, палачи, молитвы.
Жадностью гонимый и тоской,
Душной гнилью сброд разит людской,
Дышит вожделеньем, злобой, страхом,
Жрет себя и сам блюет потом,
Пестует искусства и с размахом
Украшает свой горящий дом,
Мир безумный мечется, томится,
Жаждет войн, распутничает, врет,
Заново для каждого родится,
Заново для каждого умрет.
Ну, а мы в эфире обитаем,
Мы во льду астральной вышины
Юности и старости не знаем,
Возраста и пола лишены,
Мы на ваши страхи, дрязги, толки,
На земное ваше копошенье
Как на звезд глядим коловращенье,
Дни у нас неизмеримо долги.
Только тихо головой качая
Да светил дороги озирая,
Стужею космической зимы
В поднебесье дышим бесконечно.
Холодом сплошным объяты мы,
Холоден и звонок смех наш вечный.

Затем пришла Мария, и после веселого ужина я пошел с ней в нашу комнатку. В этот вечер она была красивее, теплее и сердечнее, чем когда-либо, и в ее нежностях, в ее играх я почувствовал предельную готовность отдаться.

— Мария, — сказал я, — ты сегодня расточительна, как богиня. Не замучь нас обоих до смерти, ведь завтра бал-маскарад. Что за кавалер будет у тебя завтра? Боюсь, дорогой мой цветок, что это сказочный принц и что он похитит тебя и ты уже не вернешься ко мне. Ты любишь меня сегодня почти так, как это обычно бывает у любящих на прощание, напоследок.

Она прижалась губами к самому моему уху и прошептала:

— Лучше не говори, Гарри! Каждый раз может быть последним. Когда Гермина возьмет тебя, ты уже не придешь ко мне. Может быть, она возьмет тебя завтра.

Никогда не ощущал я сильнее особого чувства тех дней, их удивительно двойственного, сладостно-горького настроения, чем в ту ночь перед балом. Это было счастье — красота Марии и ее готовность отдаться, часы, когда можно было натешиться, надышаться, проникнуться сотнями тонких чувственных прелестей, о которых я с таким опозданием, на старости лет, узнал, плескаясь в мягких, убаюкивающих волнах наслаждения. И все же это была лишь оболочка: внутри все было полно значения, напряжения, дыхания, и, предаваясь милым и трогательным мелочам любви с любовной нежностью, словно бы купаясь в теплой воде счастья, я чувствовал, как моя судьба опрометью несется вперед, брыкается, как испуганный конь, мчится в тоске и страхе к обрыву, к пропасти, готовая к смерти. И если еще недавно я с опаской и робостью противился приятному легкомыслию любви только чувственной, если еще недавно страшился смеющейся, уступчивой красоты Марии, то теперь я испытывал страх перед смертью — но страх, который уже знал, что скоро он превратится в покорность и избавление.

В то время как мы молча предавались хлопотливым играм нашей любви и принадлежали друг другу полней, чем когда-либо, душа моя прощалась с Марией, прощалась со всем, что она для меня означала. Благодаря ее науке я перед концом еще раз по-детски доверился игре поверхностного, искал мимолетных радостей, стал ребенком и животным в невинности пола, — а в прежней моей жизни это состояние было знакомо мне лишь как редкое исключение, ибо к чувственной жизни и к полу почти всегда примешивался для меня горький привкус вины, сладкий, но жутковатый вкус запретного плода, которого человек духовный должен остерегаться. Теперь Гермина и Мария показали мне этот эдем в его невинности, я благодарно погостил в нем — но мне приспевала пора идти дальше, слишком красиво и тепло было в этом эдеме. Опять домогаться венца жизни, опять искупать бесконечную вину жизни — такой был мой жребий. Легкая жизнь, легкая любовь, легкая смерть — это не для меня.

Из намеков девушки я заключил, что на завтрашнем балу или после него нас ждут какие-то особые удовольствия, какой-то особый разгул. Может быть, это и есть конец, может быть, Марию ее предчувствие не обманывает и сегодня мы лежим рядом в последний раз, а завтра судьба, может быть, повернется иначе? Я был полон жгучей тоски, полон щемящего страха, и, отчаянно цепляясь за Марию, я еще раз судорожно и жадно обежал все тропинки и чащи ее эдема, еще раз впился зубами в сладкий плод райского древа.

После этой ночи я отсыпался днем. Утром я поехал сначала в баню, потом, смертельно усталый, домой, затемнил свою спальню, нашел, раздеваясь, в кармане свои стихи, снова забыл о них, сразу же лег, забыл о Марии, Гермине и маскараде и проспал весь день. Поднявшись вечером, я лишь во время бритья вспомнил, что уже через час начнется бал и мне нужно приготовить рубашку с пластроном. Я собрался в хорошем настроении и вышел из дому, чтобы сначала поесть.

Это был первый костюмированный бал, в котором я участвовал. В прежние времена, впрочем, я посещал иногда подобные праздники и порой находил их красивыми, но я не танцевал, я был лишь зрителем, и энтузиазм, с каким о них рассказывали, с каким их ждали другие, всегда казался мне смешным. А сегодня и для меня бал был событием, которого я ждал со смесью радости, любопытства и страха. Поскольку дамы у меня не было, я решил явиться туда попозже, да и Гермина советовала мне так поступить.

В «Стальной шлем», прежнее мое прибежище, где, прихлебывая вино и строя из себя холостяков, коротали вечера разочарованные мужчины, я последнее время редко захаживал, он уже не отвечал стилю теперешней моей жизни. Но сегодня вечером меня как-то само собой потянуло туда; при том тоскливо-радостном ощущении судьбы и прощания, в котором я сейчас пребывал, все вехи и памятные места моей жизни озарились еще раз мучительно прекрасным отблеском прошлого, в том числе и этот прокуренный кабачок, где я еще недавно был завсегдатаем, где мне еще недавно достаточно было такого нехитрого наркотического средства, как бутылка местного вина, чтобы еще на одну ночь лечь в свою одинокую постель, чтобы еще на один день смириться с жизнью. Другие, более сильные возбудительные средства довелось мне с тех пор узнать, довелось наглотаться с тех пор ядов послаще. Улыбаясь, переступил я порог старого кабака, и хозяйка встретила меня приветственными словами, а завсегдатаи молчаливым кивком. Мне предложили и принесли жареного цыпленка, светлой струей лилось молодое эльзасское вино в толстый мужицкий стакан, ласково глядели на меня чистые белые деревянные столы, старые желтые панели. И в то время как я ел и пил, во мне все крепло это чувство увядания и расставания, это мучительно глубокое чувство никогда так и не распадавшейся, но теперь созревающей для распада слитности со всеми местами и вещами прежней моей жизни. «Современный» человек называет это сентиментальностью; он перестает любить вещи, вещи, даже самые священные для него некогда, даже свой автомобиль, который надеется при первой возможности поменять на новый, лучшей марки. Этот современный человек энергичен, деловит, здоров, холоден и молодцеват — тип хоть куда, он еще покажет себя в следующей войне. Мне это было безразлично, я не был ни современным человеком, ни старомодным, я выпал из времени и несся куда-то, близкий к смерти, готовый к смерти. Я ничего не имел против сентиментальностей, я был благодарно рад, что в моем сгоревшем сердце теплилось хоть какое-то подобие чувств. И я отдался воспоминаниям, навеянным этим старым кабаком, своей привязанности к этим старым грубым стульям, отдался запаху дыма и вина, тому дуновению привычки, тепла, сходства с родиной, которое я во всем этом ощущал. Прощание — прекрасная вещь, оно размягчает. Мне были милы мое жесткое сиденье, мой мужицкий стакан, мил прохладный фруктовый вкус эльзасского, мила моя близость со всем и со всеми в этом зале, милы лица замечтавшихся пьяниц, этих разочарованных, чьим братом я давно был. Мещанскими сантиментами упивался я здесь, слегка приправленными ароматом старомодной трактирной романтики той отроческой поры, когда трактир, вино и сигара были еще запретными, неведомыми, великолепными вещами.

Но Степной волк не встрепенулся, чтобы оскалить зубы и разорвать в клочья мои сантименты. Я мирно сидел, озаренный прошлым, озаренный слабым светом успевшей уже погибнуть звезды.

Вошел уличный торговец с жареными каштанами, и я купил у него горсть. Вошла старуха с цветами, я купил у нее несколько гвоздик и преподнес их хозяйке. Лишь собираясь расплатиться и не найдя привычного пиджачного кармана, я заметил, что я во фраке. Бал-маскарад! Гермина!

Но было еще очень рано, я не мог решиться пойти в «Глобус» уже сейчас. К тому же, как то случалось со мной во время всех этих увеселений последней поры, я чувствовал какую-то внутреннюю помеху, какую-то скованность, какое-то нежелание входить в большие, переполненные, шумные залы, какую-то ученическую робость перед чуждой атмосферой, перед миром прожигателей жизни, перед танцами.

Слоняясь по улицам и проходя мимо какого-то кино, я взглянул на блеснувшие пучки света и огромные цветные афиши, пошел было дальше, но вернулся и вошел внутрь. До одиннадцати примерно я мог здесь преспокойно посидеть в темноте. С помощью служителя, указывавшего мне путь фонариком, я пробрался через занавески в темный зал, нашел свободное место и оказался вдруг в Ветхом Завете. Шел один из тех фильмов, которые будто бы не для заработка, а в благородных и святых целях ставятся с большой помпой и выдумкой и на которые даже учителя Закона Божьего водят своих учеников. Давалась история Моисея и израильтян в Египте — с щедрым набором людей, лошадей, верблюдов, дворцов, фараоновских богатств и еврейских мук в горячих песках пустыни. Я видел, как Моисей, причесанный немножко под Уолта Уитмена, роскошный театральный Моисей вотановской походкой, с длинным посохом, рьяно и мрачно идет по пустыне впереди евреев. Я видел, как он молился Богу у Чермного моря, видел, как расступается Чермное море, давая дорогу, образуя ложбину между громоздящимися горами воды (о том, каким образом устроили это киношники, могли долго спорить конфирманты, приведенные на этот религиозный фильм пастором), видел, как шагают сквозь море пророк и боязливый народ, видел, как позади них появляются колесницы фараона, видел, как египтяне сперва изумляются и робеют на морском берегу, а потом смело бросаются вперед, видел, как над великолепным, златопанцирным фараоном и надо всеми его колесницами и воинами смыкаются толщи воды, и вспомнил чудесный генделевский дуэт для двух басов, где это событие великолепно воспето. Я видел затем, как Моисей, мрачный герой среди мрачной скалистой пустыни, поднимается на Синай, смотрел, как Иегова, через посредство бури, грозы и световых сигналов, сообщает ему там десять заповедей, а его недостойный народ воздвигает у подножия горы Золотого тельца и предается довольно-таки неумеренным увеселениям. Мне было невероятно странно видеть все это воочию, глядеть, как священные истории, с их героями и чудесами, осенившие некогда наше детство первым смутным представлением о другом мире, о чем-то сверхчеловеческом, разыгрываются здесь за плату перед благодарной публикой, которая тихонько жует принесенные с собой булочки, — в этой маленькой картинке видна была вся бросовость, вся обесцененность культуры в нашу эпоху. Господи, пускай бы уж, чтобы только предотвратить это свинство, погибли тогда, кроме египтян, и евреи и все другие люди на свете, погибли насильственной и пристойной смертью, а не этой ужасной, мнимой и половинчатой, которой умираем сегодня мы. Право, пускай бы!

Мою тайную скованность, мою безотчетную робость перед балом-маскарадом кино и вызванные им чувства не уменьшили, а неприятно усилили, и я должен был, подумав о Гермине, сделать над собой усилие, чтобы наконец поехать в «Глобус» и войти в залы. Время было уже позднее, бал был давно в полном разгаре; трезвый и робкий, я сразу же, не успев раздеться, попал в бурную толпу масок, меня фамильярно толкали в бока, девушки требовали, чтобы я угостил их шампанским, клоуны хлопали меня по плечу и обращались ко мне на ты. Не поддаваясь ничьим уговорам, я с трудом протиснулся к гардеробу через битком набитые залы и, получив номерок, тщательно спрятал его в карман с мыслью, что, наверно, скоро воспользуюсь им, устав от этой сутолоки.

Во всех помещениях большого здания бушевал праздник, во всех залах танцевали, в подвальном этаже тоже, все коридоры и лестницы были заполнены масками, танцами, музыкой, смехом и беготней. Я удрученно пробирался сквозь эту толчею — от негритянского оркестра к крестьянской музыке, из большого, сияющего главного зала в проходы, на лестницы, в бары, к буфетам, в комнаты, где пили шампанское. Стены были по большей части увешаны дикарскими веселыми картинами самых модных художников. Все были здесь — художники, журналисты, ученые, дельцы и, конечно, вся жуирующая публика города. В одном из оркестров сидел мистер Пабло и вдохновенно дудел в свою изогнутую трубу; узнав меня, он громко пропел мне свое приветствие. Теснимый толпой, я оказывался то в одном, то в другом зале, поднимался по лестницам, спускался по лестницам; один из коридоров подвального этажа изображал ад, и там неистовствовал музыкальный ансамбль чертей. Постепенно я начал поглядывать, где же Гермина, где же Мария, я пустился на поиски, сделал несколько попыток проникнуть в главный зал, но каждый раз сбивался с пути или отступал перед встречным потоком толпы. К полуночи я еще никого не нашел; хоть я еще не танцевал, мне было жарко, и голова у меня кружилась, я плюхнулся на ближайший стул, среди сплошь незнакомых людей, спросил вина и пришел к выводу, что на такие шумные праздники старикам вроде меня соваться нечего. Я уныло пил вино, глядел на голые руки и спины женщин, смотрел, как мимо проносятся ряженые в причудливых костюмах, сносил легкие толчки в бок и молча отогнал от себя нескольких девушек, желавших посидеть у меня на коленях или потанцевать со мной. «Старый брюзга!» — воскликнула одна из них и была права. Я решил выпить для храбрости и поднятия духа, но в вине тоже не нашел вкуса, я с трудом одолел второй стакан. И постепенно я почувствовал, как стоит за моей спиной, высунув язык, Степной волк. Ничего не получалось, я был здесь не на месте. Ведь пришел-то я сюда с самыми лучшими намерениями, но развеселиться я здесь не мог, и эта громкая бурная радость, этот смех, все это буйство казались мне глупыми и вымученными.

Поэтому около часу ночи, злой и разочарованный, я стал пробираться к гардеробу, чтобы надеть пальто и уйти. Это было поражением, возвратом к Степному волку, и Гермина вряд ли простила бы мне это. Но иначе поступить я не мог. С трудом протискиваясь через толпу к гардеробу, я снова внимательно смотрел по сторонам в надежде увидеть хоть одну из подруг. Тщетно. И вот я уже стоял у гардероба, вежливый человек за его стойкой уже протянул руку за моим номерком, я полез в жилетный карман — номерка там не было! Черт возьми, этого еще не хватало. Когда я печально бродил по залам, когда сидел за безвкусным вином, я, борясь со своим решением удалиться, неоднократно совал руку в карман, и каждый раз этот плоский кружок оказывался на месте. А теперь он пропал. Все было против меня.

— Потерял номерок? — спросил какой-то случившийся рядом красно-желтый чертенок пронзительным голосом. — На тебе мой, приятель. — И он уже протянул мне свой номерок. Когда я машинально взял его и стал вертеть в пальцах, юркий коротышка уже исчез.

Поднеся, однако, эту круглую картонную бирку к глазам, чтобы разглядеть номер, я увидел вместо него какие-то мелкие каракули. Я попросил гардеробщика подождать, подошел к ближайшему светильнику и прочел их. Мелкими, спотыкающимися, неразборчивыми буквами было нацарапано:

Сегодня ночью с четырех часов магический
театр — только для сумасшедших —
плата за вход — разум.
Не для всех. Гермина в аду.

Как марионетка, веревочки которой выскользнули на секунду из рук кукольника, вновь оживает после короткой, мертвой, тупой неподвижности, снова включается в игру, танцует и шевелится, так и я, стоило меня дернуть за магическую веревочку, пружинисто, с молодой прытью, побежал назад в ту самую толчею, от которой только что удирал усталым, тоскующим стариком. Ни один грешник не стремился в ад с такой поспешностью. Только что мне жали лакированные ботинки, мне был противен густой, надушенный воздух, меня расслабляла жара; а теперь я легко и ловко, в ритме уанстепа, бежал через все залы к аду, воздух был полон теперь волшебства, меня окрыляли и несли вперед это тепло, вся эта гремящая музыка, мельканье красок, аромат женских плеч, шум толпы, смех, ритмы танцев, блеск воспаленных глаз. Какая-то испанская танцовщица бросилась ко мне в объятия: «Потанцуй со мной!» «Нельзя, — сказал я, — мне нужно в ад. Но твой поцелуй я рад взять с собой». Алый рот под маской приблизился к моему рту, и, лишь целуя, узнал я Марию. Я крепко ее обнял, ее полные губы цвели, как зрелая летняя роза. И вот мы уже танцевали, не прервав поцелуя, и прошли в танце мимо Пабло, а тот влюбленно припадал к своей нежно стонавшей трубе, и полуотрешенно обвел нас его сияющий, его прекрасный звериный взгляд. Но не успели мы сделать и двадцати па, как музыка прекратилась, я с сожалением выпустил Марию из рук.

— С удовольствием потанцевал бы с тобой еще, — сказал я, опьяненный ее теплом, — проводи меня немножко, Мария, я влюблен в твое прекрасное плечо, дай мне его еще на минутку! Но, понимаешь, меня зовет Гермина. Она в аду.

— Так я и думала. Прощай, Гарри, я буду о тебе вспоминать с любовью.

Она попрощалась. Это было прощание, это была осень, это была судьба, которой так зрело и пряно пахла моя летняя роза.

Я побежал дальше, по длинным коридорам, где повсюду шла нежная возня, вниз по лестницам, в ад. Там на черных как смоль стенах горели беспощадно яркие лампы и лихорадочно играл оркестр чертей. На высоком табурете, у бара, сидел какой-то красивый юноша без маски, во фраке, он коротко окинул меня насмешливым взглядом. Я был оттеснен танцующими к стене, в этом очень тесном зале танцевало десятка два пар. Жадно и боязливо разглядывал я всех женщин, большинство было еще в масках, некоторые улыбались мне, но ни одна из них не была Герминой. С высокого табурета бросал насмешливые взгляды красивый юноша. В следующую паузу между танцами, думал я, она появится и меня пригласит. Танец кончился, но никто не подошел ко мне.

Я прошел к бару, втиснутому в угол низкого зальца. Став у табурета юноши, я спросил виски. Я пил и видел профиль этого молодого человека, показавшийся мне теперь знакомым и прелестным, как какая-нибудь картина из очень далеких времен, дорогая тихим налетом пыли минувшего. О, тут я вздрогнул: это же был Герман, друг моей юности!

— Герман! — сказал я нерешительно. Он улыбнулся.

— Гарри? Ты нашел меня?

Это была Гермина, только немного иначе причесанная и слегка подкрашенная, необычным и бледным казалось ее умное лицо над модным стоячим воротничком, удивительно маленькими, по контрасту с широкими черными рукавами фрака и белыми манжетами, руки, удивительно изящными, по контрасту с длинными брюками, ее ножки в шелковых черно-белых мужских носках.

— Это и есть тот костюм, Гермина, в котором ты хочешь заставить меня влюбиться в себя?

— Пока что, — кивнула она, — я заставила влюбиться в себя лишь нескольких дам. Но теперь на очереди ты. Давай сперва выпьем по бокалу шампанского.

Мы пили, сидя на высоких табуретах, а рядом продолжались танцы и кипела жаркая, ожесточенная струнная музыка. И без каких-либо видимых усилий со стороны Гермины я очень скоро влюбился в нее. Поскольку она была в мужской одежде, я не мог танцевать с ней, не мог позволить себе никаких нежностей, никаких посягательств, и, хотя в этом мужском наряде она казалась далекой и безучастной, ее взгляды, слова, жесты дышали всей прелестью женственности. Без единого прикосновения к ней я поддался ее волшебству, и само это волшебство входило в ее роль, было двуснастным. Ведь беседовала она со мной о Германе и о детстве, моем и своем, о тех годах, предшествующих половой зрелости, когда отроческая сила любви направлена не только на оба пола, но на все вообще, на чувственное и духовное, когда она придает всему то очарование, ту сказочную способность к метаморфозам, которые лишь для избранных и поэтов оживают иногда и в более позднем возрасте. Играла она, безусловно, юношу, курила сигареты, болтала легко и умно, порой чуть глумливо, но все светилось эротикой, все превращалось на пути к моим чувствам в прелестный соблазн.

Как хорошо и глубоко знал я, по моему представлению, Гермину и как совершенно по-новому открылась она мне в эту ночь! Как мягко и незаметно обволакивала она меня вожделенной сетью, как игриво и по-русалочьи поила сладкой отравой!

Мы сидели, болтали и пили шампанское. Мы бродили, наблюдая, по залам, пускались в авантюры открытий, выбирая пары, и подслушивали любовную их игру. Она показывала мне женщин, с которыми я должен был танцевать, и давала советы относительно способов обольщения той или другой. Мы выступали в роли соперников, увивались за одной и той же женщиной, попеременно танцевали с ней оба, старались оба ее покорить. Но все это было лишь маскарадной игрой, игрой между нами двумя, все это лишь теснее сплетало нас и распаляло обоих. Все было сказкой, все было на одно измерение богаче, на одно значение глубже, было игрой и символом. Мы увидели какую-то очень красивую молодую женщину, у которой был несколько болезненный и недовольный вид, Герман потанцевал с ней, заставил ее расцвести, исчез с ней в одной из питейных беседок, а потом рассказал мне, что победил эту женщину лесбийским волшебством. Для меня же весь этот громогласный дом, полный гремевших танцами залов, этот хмельной хоровод масок стал постепенно каким-то безумным, фантастическим раем, один за другим соблазняли меня лепестки своим ароматом, один за другим обласкивал я наудачу плоды испытующими перстами, змеи обольстительно глядели на меня из зеленой тени листвы, цветок лотоса парил над черной трясиной, жар-птицы на ветках манили меня, но все лишь вело меня к вожделенной цели, все заново заряжало меня томлением по одной-единственной. Мне довелось танцевать с какой-то незнакомой девушкой; пылая, завлекая, она утопала в хмельном восторге, и, когда мы витали в неземном мире, она вдруг рассмеялась и сказала: «Тебя не узнать. Сегодня вечером ты был такой глупый и нудный». И я узнал ту, которая несколько часов назад сказала мне «старый брюзга». Теперь она полагала, что заполучила меня, но во время следующего танца я пылал уже в объятьях другой. Я танцевал подряд два часа или больше, все танцы, в том числе и те, которым никогда не учился. То и дело поблизости возникал Герман, улыбающийся юноша, кивал мне, исчезал в толпе.

Одно ощущение, неведомое мне дотоле за все мои пятьдесят лет, хотя оно знакомо любой девчонке, любому студенту, выпало на мою долю в эту бальную ночь — ощущение праздника, упоенности общим весельем, проникновения в тайну гибели личности в массе unio mystica* радости. Я часто слышал рассказы об этом — это знала любая служанка, — часто видел, как загорались глаза у тех, кто рассказывал, а сам только полунадменно-полузавистливо посмеивался. Это сияние в пьяных глазах отрешенного, освобожденного от самого себя существа, эту улыбку, эту полубезумную, самозабвенную растворенность в общем опьянении я наблюдал сотни раз на высоких и низких примерах — у пьяных рекрутов и матросов, равно как и у больших артистов, охваченных энтузиаз-

---

* мистического союза (*лат.*).

мом праздничных представлений, а также у молодых солдат, уходивших на войну, да ведь и совсем недавно я, восхищаясь, любя, насмехаясь и завидуя, видел это сияние, эту счастливую улыбку отрешенности на лице моего друга Пабло, когда он, опьяненный игрой в оркестре, блаженно припадал к своему саксофону или, изнемогая от восторга, глядел на дирижера, на барабанщика, на музыканта с банджо. Такая улыбка, такое детское сияние, думал я иногда, даны лишь очень молодым людям или народам, не позволяющим себе четко индивидуализировать и различать отдельных своих представителей. Но сегодня, в эту благословенную ночь, я, Степной волк Гарри, сам сиял этой улыбкой, сам купался в этом глубоком, ребяческом, сказочном счастье, сам дышал этим сладким дурманом сообщничества, музыки, ритма, вина и похоти, тем самым дурманом, похвалы которому из уст какого-нибудь побывавшего на балу студента я когда-то так часто слушал с насмешкой и с бедной надменностью. Я не был больше самим собой, моя личность растворилась в праздничном хмелю, как соль в воде. Я танцевал с той или иной женщиной, но не только она была той, кого я обнимал, чьи волосы касались меня, чей аромат я вбирал в себя, нет, все-все другие женщины тоже, что плыли в этом же танце, в этом же зале, под эту же музыку, все, чьи сияющие лица мелькали передо мной как большие фантастические цветки, — все принадлежали мне, всем принадлежал я, все мы были причастны друг к другу. И мужчины тоже входили сюда, я был и в них, они тоже не были мне чужими, их улыбки были моими улыбками, их домогательства исходили от меня, а мои — от них.

В ту зиму мир был завоеван одним новым танцем — фокстротом под названием «Томление». Это «Томление» игралось не раз и не переставало пользоваться спросом, мы все проникались и опьянялись им, все напевали его мелодию, вторя оркестру. Я танцевал непрерывно, танцевал с каждой женщиной, которая оказывалась на моем пути, с совсем юными девушками, с цветущими молодыми женщинами, с по-летнему зрелыми, с печально отцветшими — восхищаясь всеми, смеясь, ликуя, сияя. И когда Пабло увидел, что я так сияю, я, которого он всегда считал беднягой, его глаза засветились счастьем, он ретиво поднялся со своего места в оркестре, затрубил энергичнее, влез на стул и, стоя на нем, блаженно и бешено качаясь вместе со своей трубой в такт «Томлению», продолжал дудеть во все щеки, а я и моя партнерша посылали ему воздушные поцелуи и громко подпевали. Ах, думал я, будь что будет, хоть раз да был счастлив, хоть раз да сиял и я, хоть раз да освободился от самого себя, был братом Пабло, ребенком.

Утратив чувство времени, я не знал, сколько часов или мгновений длилось это хмельное счастье. Не заметил я также, что праздник, по мере того как накал его нарастал, сосредоточивался на все более тесном пространстве. Большинство гостей уже ушли, в коридорах стало тихо, много огней уже погасло, лестничная клетка вымерла, в верхних залах умолкали и расходились один оркестр за другим; лишь в главном зале и внизу, в аду, еще бушевало, все более разгораясь, хмельное веселье. Поскольку с Герминой, как с юношей, танцевать я не мог, встречались мы с ней и приветствовали друг друга лишь мельком, в перерывах между танцами, и в конце концов она совсем пропала для меня, исчезла не только с моих глаз, но даже из моих мыслей. Мыслей больше не было. Я растворился в пьяной толчее танцев, меня касались запахи, звуки, вздохи, слова, меня приветствовали и воспламеняли чужие глаза, окружали чужие лица, губы, щеки, плечи, груди, колени, меня, как волну, ритмично бросала музыка.

Вдруг, полуочнувшись на миг, я увидел среди последних, оставшихся еще гостей, переполнивших один из маленьких залов, последний, где еще звучала музыка, — вдруг я увидел какую-то черную Коломбину с набеленным лицом, красивую, свежую девушку, единственную, чье лицо скрывала маска, прелестную фигурку, которая за всю эту ночь еще ни разу не попадалась мне на глаза. По виду всех других, по их красным, разгоряченным лицам, измятым костюмам, увядшим воротничкам и жабо было заметно, что час уже поздний, а эта черная Коломбина с белым лицом под маской, в костюме без единой морщинки, с нетронуто девственным жабо, белоснежными кружевными манжетами и свежей прической, стояла как новенькая. Меня потянуло к ней, я взял ее за талию, повел в танце, ее душистое жабо щекотало мне подбородок, прядь ее душистых волос касалась моей щеки, нежней и проникновенней, чем любая другая партнерша этой ночи, шло навстречу моим движениям, уходило от них, принуждало их и манило, играя, ко все новым касаниям ее молодое тугое тело. И вдруг, когда я среди танца стал, наклонившись, искать губами ее губ, эти губы улыбнулись высокомерной, давно знакомой улыбкой, я узнал ее крепкий подбородок, узнал, счастливый, ее плечи, ее локти, ее руки. Это была Гермина, уже не Герман, переодевшаяся, свежая, слегка надушенная и напудренная. Наши губы, пылая, встретились, на миг все ее тело, до самых колен, жадно и преданно прижалось ко мне, затем она отвела от меня свой рот и танцевала сдержанно и отчужденно. Когда музыка прекратилась, мы остановились, обнявшись, все распаленные пары вокруг нас хлопали в ладоши, топали ногами, кричали, подбивая изнуренный оркестр повторить «Томление». И вдруг мы все почувствовали утро, увидели бледный свет за занавесками, ощутили близкий конец веселья, почуяли надвигающуюся усталость и слепо, со смехом и отчаянием еще раз бросились в танец, в музыку, в поток света, буйно зашагали в такт, еще раз блаженно почувствовали, как захлестывает нас эта огромная волна. Во время этого танца Гермина отбросила свое высокомерие, свою насмешливость, свою холодность — она знала, что ей уже ничего не нужно делать, чтобы заставить меня влюбиться. Я принадлежал ей. И она отдавалась — танцем, взглядом, поцелуем, улыбкой. Все женщины этой лихорадочной ночи, все, с которыми я танцевал, все, которых я разжигал, все, которые разжигали меня, все, за которыми я ухаживал, все, к которым с жадностью прижимался, все, которым смотрел вслед с любовной тоской, слились и стали той единственной, которая цвела в моих объятиях.

Долго длился этот свадебный танец. Дважды, трижды замирала музыка, трубачи опускали свои инструменты, пианист вставал из-за рояля, первый скрипач изнеможенно мотал головой, и каждый раз они снова, раззадоренные молящим восторгом последних танцоров, играли, играли быстрее, играли бешенее. Потом — мы стояли, еще обнявшись и не успев отдышаться от последнего жадного танца, — крышка рояля громко захлопнулась, наши руки упали так же устало, как руки трубачей и скрипачей, флейтист, подмигнув, уложил свою флейту в футляр, распахнулись двери, ворвался холодный воздух, появились служители с верхней одеждой, и бармен выключил свет. Что-то призрачно-жутковатое было в этом всеобщем уходе, в том, как танцоры, только что пылавшие пламенем, зябко кутались в пальто и поднимали воротники. Гермина стояла бледная, но улыбалась. Она медленно подняла руки и пригладила волосы, ее подмышечная впадина блеснула на свету, тонкая, бесконечно нежная тень пробежала оттуда к закрытой груди, и мне показалось, что эта порхнувшая полосочка тени вобрала в себя, словно улыбка, всю ее прелесть, все игры и все возможности ее прекрасного тела.

Мы стояли и глядели друг на друга, последние в зале, последние в доме. Я слышал, как где-то внизу хлопнула дверь, разбился стакан, заглохло хихиканье, смешавшись со злым, торопливым шумом заводимых автомобилей. Я слышал, как где-то, в какой-то не поддающейся определению вышине и дали, зазвучал смех, необыкновенно звонкий и радостный, однако жуткий и чужой смех, смех как бы хрустальный и ледяной, звонкий и лучезарный, но холодный и неумолимый. Откуда же этот удивительный смех был мне знаком? Я этого не мог понять.

Мы стояли вдвоем и глядели друг на друга. На миг я очнулся и отрезвел, я почувствовал, как наваливается на меня сзади невероятная усталость, почувствовал, как противно липнет ко мне влажная и холодная от пота одежда, увидел, как торчат из мятых и пропотевших манжет мои красные жилистые руки. Но все это тут же прошло, взгляд Гермины все это погасил. От ее взгляда, которым глядела на меня, казалось, моя собственная душа, рушилась всякая реальность, в том числе и реальность моего чувственного влечения к ней.

— Ты готов? — спросила Гермина, и ее улыбка исчезла, как исчезла тень на ее груди. Далеко и высоко замер тот странный смех в неведомых покоях.

Я кивнул головой. О да, я был готов.

Тут появился в дверях этот музыкант Пабло и осветил нас своими веселыми глазами, которые были, в сущности, глазами животного, но у животных глаза всегда серьезны, а его глаза всегда смеялись, и смех-то и делал их человеческими. Он подзывал нас со всем своим радушием. На нем была пестрая шелковая домашняя куртка с красными лацканами, на фоне которых промокший воротничок его рубашки и его предельно усталое бледное лицо казались уж очень несвежими, но лучезарные черные глаза это сглаживали. Они тоже сглаживали реальность, они тоже колдовали.

Мы последовали его призыву, и у двери он тихо сказал мне:

— Брат Гарри, я приглашаю вас на небольшой аттракцион. Допускаются только сумасшедшие, плата за вход — разум. Вы готовы?

Я снова кивнул головой.

Славный малый! Нежно и заботливо взял он нас под руки, Гермину справа, меня слева, повел по лестнице и привел в какую-то небольшую круглую комнату, синевато освещенную сверху и почти совсем пустую, в ней ничего не было, кроме небольшого круглого стола и трех кресел, в которые мы и сели.

Где мы находились? Спал ли я? Был ли я дома? Сидел ли в автомобиле и ехал? Нет, я находился в освещенной синеватым светом круглой комнате, в разреженном воздухе, в пласте какой-то разжижившейся реальности. Почему была так бледна Гермина? Почему так много говорил Пабло? Может быть, это я заставлял его говорить, это я говорил его устами? Не глядела ли на меня и его черными глазами лишь моя собственная душа, эта заблудшая, объятая страхом птица, точно так же, как серыми глазами Гермины?

Друг Пабло глядел на нас со всей своей доброй, чуть церемонной приветливостью и говорил, говорил много и долго. Тот, от кого я ни разу не слышал связной речи, тот, кого не интересовали никакие диспуты, никакие формулировки, тот, за кем я никак не предполагал способности думать, говорил своим добрым, теплым голосом плавно и без ошибок.

— Друзья, я пригласил вас на аттракцион, которого Гарри уже давно ждет и о котором он долго мечтал. Сейчас довольно поздно, и, наверно, все мы немного устали. Давайте поэтому сперва передохнем здесь и подкрепимся.

Он достал из стенной ниши три рюмки и какую-то забавную бутылочку, достал какую-то экзотическую шкатулочку из цветных дощечек, налил дополна все три рюмки, достал из шкатулки три тонкие, длинные желтые сигареты, вынул из шелковой куртки зажигалку и дал нам закурить. Развалясь в креслах, мы медленно курили эти сигареты, дым от которых был густ, как от ладана, и маленькими, медленными глотками пили терпкосладкую жидкость, удивительно незнакомого, ни на что не похожего вкуса, оказывавшую и правда необычайно живительное и отрадное действие — тебя словно бы наполняли газом и ты терял свою тяжесть. Так мы сидели, курили короткими затяжками, пили маленькими глотками, чувствовали в себе все большую веселость и легкость. А Пабло приглушенно говорил теплым своим голосом:

— Я рад, дорогой Гарри, что могу немного угостить вас сегодня. Вам часто очень надоедала ваша жизнь. Вы стремились уйти отсюда, не так ли? Вы мечтаете о том, чтобы покинуть это время, этот мир, эту действительность и войти в другую, более соответствующую вам действительность, в мир без времени. Сделайте это, дорогой друг, я приглашаю вас это сделать. Вы ведь знаете, где таится этот другой мир и что мир, который вы ищете, есть мир вашей собственной души. Лишь в собственном вашем сердце живет та другая действительность, по которой вы тоскуете. Я могу вам дать только то, что вы уже носите в себе сами, я не могу открыть вам другого картинного зала, кроме картинного зала вашей души. Я не могу вам дать ничего, разве лишь удобный случай, толчок, ключ. Я помогу вам сделать зримым ваш собственный мир, только и всего.

Он снова полез в карман своей пестрой куртки и вынул оттуда круглое карманное зеркальце.

— Глядите: вот каким видели вы себя до сих пор!

Он поднес зеркальце к моим глазам (мне вспомнился детский стишок: «Ах ты, зеркальце в руке!»), и я, несколько расплывчато и смутно, увидел жуткую, внутренне подвижную, внутренне кипящую и мятущуюся картину — себя самого, Гарри Галлера, а внутри этого Гарри — степного волка, дикого, прекрасного, но растерянно и испуганно глядящего волка, в глазах которого вспыхивали то злость, то печаль, и этот контур волка не переставал литься сквозь Гарри — так мутит и морщит реку приток с другой окраской воды, когда обе струи, мучительно борясь, пожирают одна другую в неизбывной тоске по окончательной форме. Печально, печально глядел на меня текущий, наполовину сформировавшийся волк своими прекрасными дикими глазами.

— Вот каким видели вы себя, — повторил Пабло мягко и сунул зеркало обратно в карман.

Я благодарно закрыл глаза и отпил глоток эликсира.

— Теперь мы отдохнули, — сказал Пабло, — мы подкрепились и немного поболтали. Если вы уже не чувствуете усталости, я поведу вас сейчас в свою панораму и покажу вам свой маленький театр. Согласны?

Мы поднялись, Пабло, улыбаясь, пошел впереди, отворил какую-то дверь, отдернул какую-то портьеру, и мы очутились в круглом, подковообразном коридоре театра, как раз посредине, и в обе стороны шел изогнутый проход мимо множества, невероятного множества узких дверей, за которыми находились ложи.

— Это ваш театр, — объявил Пабло, — веселый театр, надеюсь, вам удастся здесь посмеяться.

При этом он громко засмеялся, он издал всего каких-нибудь два-три звука, но они пробрали меня насквозь, это был снова тот звонкий, странный смех, который я уже раньше слышал сверху.

— В моем театрике столько лож, сколько вы пожелаете, десять, сто, тысяча, и за каждой дверью вас ждет то, чего вы как раз ищете. Это славная картинная галерея, дорогой друг, но вам не было бы никакой пользы осматривать ее таким, как вы есть.

Вы были бы скованы и ослеплены тем, что вы привыкли называть своей личностью. Вы, несомненно, давно догадались, что преодоление времени, освобождение от действительности и как бы там еще ни именовали вы нашу тоску означают не что иное, как желание избавиться от своей так называемой личности. Она — тюрьма, в которой вы сидите. И войди вы в театр таким, как вы есть, вы увидели бы все глазами Гарри, сквозь старые очки Степного волка. Поэтому вас приглашают избавиться от этих очков и соблаговолить сдать эту глубокоуважаемую личность в здешний гардероб, где она будет к вашим услугам в любое время. Прелестный бал, в котором вы участвовали, трактат о Степном волке, наконец, маленькое возбуждающее средство, которое мы только что приняли, пожалуй, достаточно вас подготовили. Сдав свою уважаемую личность, Гарри, вы получите в свое распоряжение левую сторону театра, а Гермина — правую, встретиться вы можете внутри в любое время. Гермина, будь добра, зайди пока за портьеру, я хотел бы сначала провести Гарри.

Гермина удалилась направо, пройдя мимо огромного зеркала, покрывавшего заднюю стену от пола до свода.

— Ну вот, Гарри, теперь ступайте и будьте в хорошем настроении. Привести вас в хорошее настроение, научить вас смеяться и есть цель всей этой затеи — надеюсь, вы не доставите мне хлопот. Вы ведь хорошо себя чувствуете? Да? Не боитесь? Вот и прекрасно, вот и отлично. Теперь, без страха и с полным удовольствием, вы вступите в наш фиктивный мир, войдя в него, как то принято, путем маленького фиктивного самоубийства.

Он снова достал карманное зеркальце и поднес его к моему лицу. Опять на меня глядел смятенный, туманный, размываемый степным волком Гарри — хорошо знакомая и действительно неприятная картина, уничтожение которой не могло тревожить меня.

— Эту ненужную уже картинку вы сейчас погасите, дорогой друг, она теперь ни к чему. Вам достаточно, когда это позволит ваше настроение, взглянуть на нее с искренним смехом. Вы находитесь сейчас в школе юмора, вы должны научиться смеяться. Ну, а всякий высокий юмор начинается с того, что перестаешь принимать всерьез собственную персону.

Я пристально поглядел в зеркальце, в ах-ты-зеркальце-в-руке, в котором свершал свои подергиванья Гарри-волк. На миг что-то во мне дрогнуло, глубоко внутри, тихо, но мучительно, как воспоминание, как тоска по дому, как раскаяние. Затем легкая подавленность сменилась новым чувством, похожим на то, которое испытываешь, когда у тебя из челюсти, замороженной кокаином, выдернут больной зуб, — чувство глубокого облегчения и одновременно удивления, что было совсем не больно. И к этому чувству примешалась какая-то бодрая веселость и смешливость, которой я не смог противостоять, отчего и разразился спасительным смехом.

Мутная картинка в зеркальце дрогнула и погасла, его маленькая круглая плоскость стала вдруг словно бы выжженной — серой, шероховатой и непрозрачной. Пабло со смехом швырнул эту стекляшку, она покатилась и затерялась где-то на полу бесконечного коридора.

— Смеялся ты хорошо, Гарри, — воскликнул Пабло, — ты еще научишься смеяться как Бессмертные. Ну вот, наконец ты убил Степного волка. Бритвами тут ничего не сделаешь, смотри, чтобы он оставался мертвым! Сейчас ты сможешь покинуть глупую действительность. По ближайшему поводу мы выпьем на брудершафт. Никогда, дорогой, ты не нравился мне так, как сегодня. И если потом для тебя это еще будет иметь значение, мы сможем с тобой потом и философствовать, и дискутировать, и говорить о музыке, и о Моцарте, и о Глюке, и о Платоне, и о Гете, сколько ты пожелаешь. Теперь ты поймешь, почему это раньше не получалось... Надо надеяться, тебе повезет и от Степного волка ты на сегодня избавишься. Ведь твое самоубийство, конечно, не окончательное. Мы находимся сейчас в магическом театре, здесь есть только картины, а не действительность. Выбери себе какие-нибудь славные и веселые картины и докажи, что ты в самом деле уже не влюблен в свою сомнительную личность! Но если ты все-таки хочешь вернуть ее, тебе достаточно снова взглянуть в зеркало, которое я теперь тебе покажу. Ты ведь знаешь старую мудрую пословицу: лучше одно зеркальце в руке, чем два на стенке. Ха-ха! (Опять он рассмеялся так прекрасно и страшно.) Ну вот, а теперь осталось проделать одну совсем маленькую, веселую церемонию.

Теперь ты отбросил очки твоей личности, так взгляни же разок в настоящее зеркало! Это доставит тебе удовольствие.

Со смехом и забавными поглаживаниями он повернул меня так, что я оказался напротив огромного стенного зеркала. В нем я увидел себя.

Какое-то короткое мгновение я видел знакомого мне Гарри, только с необыкновенно веселым, светлым, смеющимся лицом. Но не успел я его узнать, как он распался, от него отделилась вторая фигура, третья, десятая, двадцатая, и все огромное зеркало заполнилось сплошными Гарри или кусками Гарри, бесчисленными Гарри, каждого из которых я видел и узнавал лишь в течение какой-то молниеносной доли секунды. Иные из этого множества Гарри были моего возраста, иные старше, иные были древними, иные совсем молодыми, юношами, мальчиками, школьниками, мальчишками, детьми. Пятидесятилетние и двадцатилетние Гарри бегали и прыгали вперемешку, тридцатилетние и пятилетние, серьезные и веселые, степенные и смешные, хорошо одетые, и оборванные, и совсем голые, безволосые и длиннокудрые, и все были мной, и каждого я видел один миг и вмиг узнавал, и каждый затем исчезал, они разбегались во все стороны, налево, направо, убегали в глубину зеркала, выбегали из зеркала. Один из них, молодой элегантный парень, бросился, смеясь, Пабло на грудь, обнял его и с ним убежал. А другой, который особенно мне понравился, красивый, очаровательный мальчик шестнадцати или семнадцати лет, как молния, выбежал в коридор, стал жадно читать надписи на всех этих дверях, я побежал за ним, перед одной дверью он остановился, я прочел надпись на ней:

Все девушки твои!
Опусти в щель одну марку.

Этот милый мальчик подпрыгнул, взвился головой вперед, ринулся в щель и исчез за дверью.

Пабло тоже исчез, да и зеркало как будто исчезло, а с ним и все эти бесчисленные образы Гарри. Я почувствовал, что предоставлен теперь себе самому и театру, и стал с любопытством ходить от двери к двери, читая на каждой надпись, соблазн, обещанье.

Надпись:

Приглашаем на веселую охоту!
Крупная дичь — автомобили

приманила меня, я отворил узкую дверь и вошел.

Меня сразу рвануло в какой-то шумный и взволнованный мир. По улицам носились автомобили, частью бронированные, и охотились на пешеходов, давили колесами вдрызг, расплющивали о стены домов. Я сразу понял: это была борьба между людьми и машинами, давно готовившаяся, давно ожидавшаяся, давно внушавшая страх и теперь наконец разразившаяся. Повсюду валялись трупы и куски разодранных тел, повсюду же разбитые, искореженные, полусгоревшие автомобили, над этим безумным хаосом кружили самолеты, и по ним тоже палили с крыш и из окон из ружей и пулеметов. Дикие, великолепно-зажигательные плакаты на всех стенах огромными, пылавшими, как факелы, буквами призывали нацию выступить наконец на стороне людей против машин, перебить наконец жирных, хорошо одетых, благоухающих богачей, которые с помощью машин выжимают жир из других, а заодно и их большие, кашляющие, злобно рычащие, дьявольски гудящие автомобили, подожечь наконец фабрики и немножко очистить, немножко опустошить поруганную землю, чтобы снова росла трава, чтобы запыленный цементный мир снова превратился в леса, луга, поля, ручьи и болота. Зато другие плакаты, чудесно выполненные, великолепно стилизованные, выдержанные в более нежной, не столь ребяческой цветовой гамме, сочиненные необычайно умно и талантливо, взволнованно предостерегали, наоборот, всех имущих и благонамеренных от грозящего хаоса анархии, живописуя поистине трогательно счастье порядка, труда, собственности, культуры, права и славя машины как высочайшее и последнее открытие людей, благодаря которому они могут превратиться в богов. Задумчиво и восхищенно читал я эти плакаты, красные и зеленые, поразительное воздействие оказывали на меня их пламенное красноречие, их железная логика, они были правы, и, глубоко убежденный прочитанным, стоял я то перед одним, то перед другим, хотя довольно-таки густая пальба вокруг мне все-таки ощутимо мешала. Что ж, главное было ясно: это была война, жаркая, шикарная и в высшей степени симпатичная война, где дело шло не об императоре, республике, границах, не о знаменах, партиях и тому подобных преимущественно декоративных и театральных вещах, пустяках по сути, а где каждый, кому не хватало воздуха и приелась жизнь, выражал свое недовольство разительным образом и добивался всеобщего разрушения металлического цивилизованного мира. Я видел, как звонко и как откровенно смеется в глазах у всех сладострастие убийства и разоренья, и во мне самом пышно зацвели эти красные дикие цветы и засмеялись не тише. Я радостно вмешался в борьбу.

Но прекрасней всего было то, что рядом со мной вдруг оказался мой школьный товарищ Густав, о котором я уже десятки лет ничего не слышал, самый когда-то необузданный, сильный и жизнелюбивый из друзей моего раннего детства. У меня возликовала душа, когда я увидел, как мне вновь подмигнули его голубые глаза. Он сделал мне знак, и я тут же последовал за ним с радостью.

— Боже мой, Густав, — счастливо воскликнул я, — вот так встреча! Кем же ты стал?

Он рассмеялся сердито, совсем как в мальчишеские времена.

— Дурень, неужели нужно сразу лезть с вопросами и болтовней? Профессором богословия — вот кем я стал, ну вот, ты это узнал, но сейчас, старик, уже не до богословия, к счастью, сейчас война. Пошли!

С маленькой машины, которая, фыркая, двигалась нам навстречу, он выстрелом сбил водителя, ловко, как обезьяна, вскочил в машину, остановил ее и посадил меня, потом, с сумасшедшей скоростью, сквозь пули и опрокинутые машины, мы помчались прочь, удаляясь от центра города.

— Ты на стороне фабрикантов? — спросил я своего друга.

— Не важно, это дело вкуса, выедем за город — разберемся. Впрочем, нет, погоди, я скорее за то, чтобы мы выбрали другую партию, хотя, по сути, это, конечно, совершенно безразлично. Я богослов, и мой предок Лютер помогал в свое время князьям и богачам в борьбе с крестьянами, а мы теперь это немножко исправим. Дрянь машина, надо надеяться, ее хватит еще на несколько километров!

Как ветерок, неба сынок, вырвались мы, тарахтя, из города в зеленые спокойные места, проехали много миль по широкой равнине, а затем медленно поднялись и углубились в могучие горы. Здесь мы остановились на гладкой, скользкой дороге, которая, смело извиваясь между отвесной скалой и низким парапетом, уходила вверх, высоко над синевшим вдалеке озером.

— Славная местность, — сказал я.

— Очень красивая. Мы можем назвать ее Осевой дорогой, здесь сломается не одна ось, Гарринька, вот увидишь!

У дороги стояла большая пиния, а на пинии, вверху, мы увидели что-то вроде сколоченной из досок будки, этакую наблюдательную вышку. Густав звонко засмеялся, хитро подмигнул мне своими голубыми глазами, мы поспешно вышли из машины, вскарабкались по стволу и, тяжело дыша, спрятались в будке, которая нам очень понравилась. Мы нашли там ружья, пистолеты, ящики с патронами. И не успели мы немного остыть и обосноваться в засаде, как с ближайшего поворота уже донесся хриплый и властный гудок большой роскошной машины, она, рыча, ехала по гладкой горной дороге с высокой скоростью. Ружья мы уже приготовили. Это было удивительно интересно.

— Целься в шофера! — быстро приказал Густав, тяжелая машина мчалась как раз мимо нас.

И вот уже я прицелился и выстрелил — в синий картуз водителя. Шофер повалился, машина пронеслась дальше, ударилась о скалу, отскочила назад, тяжело и злобно, как большой толстый шмель, ударилась о низкую стенку, опрокинулась и, с тихим, коротким треском перемахнув через нее, рухнула в пропасть.

— Готово! — засмеялся Густав. — Следующего я беру на себя.

Вот уже снова летела сюда машина, на сиденьях видны были три или четыре фигурки пассажиров, за одной женской головкой неподвижно и горизонтально плыл конец шарфа, голубого шарфа, его мне, собственно, было жаль, кто знает, не смеялось ли под ним прекрасное женское лицо. Господи, если уж мы играем в разбойников, то было бы, наверно, правильней и красивей следовать великим примерам и не распространять нашей славной кровожадности на прекрасных дам. Шофер дернулся, повалился, машина подпрыгнула у отвесной скалы, отскочила и плюхнулась колесами вверх на дорогу. Мы подождали, ничто не шевельнулось, люди бесшумно лежали под машиной, как в ловушке. Машина еще урчала, хрипела и забавно вращала колесами в воздухе, но вдруг она издала страшный треск и вспыхнула светлым пламенем.

— «Форд», — сказал Густав. — Надо сойти вниз и очистить дорогу.

Мы спустились и осмотрели горящую груду. Она догорела очень скоро, мы тем временем сделали рычаги из молодых деревцев, затем приподняли ее, оттолкнули и сбросили через парапет с обрыва, после чего в кустах еще долго что-то трещало. Когда мы переворачивали машину, два трупа выпали, теперь они лежали на дороге, одежда обгорела. На одном довольно хорошо сохранился пиджак, я обследовал его карманы в надежде узнать, кто это был. Обнаружил бумажник, в нем визитные карточки. Я взял одну из них и прочел на ней слова: «Тат твам аси»*.

— Очень остроумно, — сказал Густав. — Но и в самом деле не важно, как зовут людей, которых мы сейчас убиваем. Они такие же бедняги, как мы,

* Это ты (*санскр.*).

имена не имеют значения. Этот мир должен погибнуть, и мы с ним вместе.

Мы бросили трупы вслед машине. Уже подъезжал, сигналя, новый автомобиль. Его мы расстреляли прямо с дороги. Он, пьяно кружась, пролетел еще немного вперед, затем упал и так и улегся, хрипя, один пассажир тихо сидел на своем месте, но целой и невредимой, хотя она была бледна и вся дрожала, вышла из машины красивая девушка. Мы дружески приветствовали ее и предложили ей свои услуги. Она была очень испугана, не могла говорить и несколько мгновений глядела на нас как безумная.

— Что ж, посмотрим сперва, как обстоит дело с этим пожилым господином, — сказал Густав и обернулся к пассажиру, который все еще держался на сиденье позади мертвого шофера. Это был человек с короткими седыми волосами, он не закрыл своих умных светло-серых глаз, но, кажется, сильно пострадал, во всяком случае, изо рта у него шла кровь, а шею он держал как-то зловеще косо и неподвижно. — Разрешите представиться, почтеннейший, меня зовут Густав. Мы позволили себе застрелить вашего шофера. Смеем ли спросить, с кем имеем честь?

Серые глаза старика глядели холодно и грустно.

— Я старший прокурор Лёринг, — сказал он медленно. — Вы убили не только моего бедного шофера, но и меня, я чувствую, дело идет к концу. Почему вы стреляли в нас?

— Вы слишком быстро ехали.

— Мы ехали с нормальной скоростью.

— Что было нормально вчера, сегодня уже ненормально, господин старший прокурор. Сегодня мы считаем, что любая скорость, с которой может ехать автомобиль, слишком велика. Теперь мы сломаем автомобили, все до одного, и другие машины тоже.

— И ваши ружья?

— Дойдет очередь и до них, если у нас останется время на это. Вероятно, завтра или послезавтра мы все погибнем. Вы же знаете, наша часть света была отвратительно перенаселена. Ну а теперь дышать будет легче.

— Вы стреляете во всех без разбору?

— Конечно. Некоторых, несомненно, жаль. Например, этой красивой молодой дамы мне было бы жалко — она, видимо, ваша дочь?

— Нет, моя стенографистка.

— Тем лучше. А теперь, пожалуйста, вылезайте или позвольте нам вытащить вас из машины — машина подлежит уничтожению.

— Предпочитаю быть уничтоженным вместе с ней.

— Как вам угодно. Разрешите еще один вопрос. Вы прокурор. Мне всегда было непонятно, как человек может быть прокурором. Вы живете тем, что обвиняете и приговариваете к наказаниям других людей, в большинстве несчастных бедняков. Не так ли?

— Да, это так. Я выполнял свой долг. Это была моя обязанность. Точно так же, как обязанность палача — убивать осужденных мною. Вы же сами взяли на себя такую же обязанность. Вы же тоже убиваете.

— Верно. Только мы убиваем не по долгу, а для удовольствия, точнее — от неудовольствия, оттого, что мы отчаялись в мире. Поэтому убийство доставляет нам известное удовольствие. Вам никогда не доставляло удовольствия убийство?

— Вы мне надоели. Сделайте милость, доведите свою работу до конца. Если у вас нет понятия о долге...

Он умолк и перекосил губы, словно хотел сплюнуть. Но вышло лишь немного крови, которая прилипла к его подбородку.

— Погодите! — вежливо сказал Густав. — Понятия о долге у меня правда нет, уже нет. Прежде мне по обязанности приходилось много заниматься этим понятием, я был профессором богословия. Кроме того, я был солдатом и участвовал в войне. В том, что мне казалось долгом и что мне приказывало начальство, ничего хорошего не было, я всегда предпочитал бы делать прямо противоположное. Но если у меня и нет понятия о долге, то зато у меня есть понятие о вине — а это, может быть, одно и то же. Поскольку я рожден матерью, я виновен, я осужден жить, обязан быть подданным какого-то государства, быть солдатом, убивать, платить налоги для гонки вооружений. И сейчас вот, сию минуту, вина жизни снова, как когда-то во время войны, привела меня к необходимости убивать. Но на этот раз я убиваю без отвращения, я смирился со своей виной, я ничего не имею против того, чтобы этот глупый, закупоренный мир рухнул, я рад помочь этому и с радостью погибну сам.

Прокурор сделал большое усилие, чтобы слегка улыбнуться слипшимися от крови губами. Удалось это ему не блестяще, но его доброе намерение было заметно.

— Отлично, — сказал он. — Мы, значит, коллеги. А теперь выполните, пожалуйста, свой долг, коллега.

Красивая девушка успела тем временем упасть в обморок у края дороги.

В этот момент снова загудела машина, приближавшаяся на полном ходу. Мы оттащили девушку в сторонку, прижались к скалам и предоставили мчавшейся машине врезаться в обломки другой. Она резко затормозила и стала дыбом, не получив никаких повреждений. Мы быстро схватили ружья и взяли на прицел новеньких.

— Вылезайте! — скомандовал Густав. — Руки вверх!

Трое мужчин вылезли из машины и послушно подняли руки.

— Есть ли среди вас врач? — спросил Густав.

Они ответили отрицательно.

— Тогда, будьте добры, осторожно снимите с сиденья этого застрявшего господина, он тяжело ранен. А потом довезите его на своей машине до следующего города. Вперед, взяли!

Вскоре старика уложили в другую машину, Густав скомандовал, и все уехали.

Наша стенографистка успела тем временем прийти в себя и наблюдала за происходившим. Мне было приятно, что нам досталась эта красивая добыча.

— Барышня, — сказал Густав, — вы лишились работодателя. Надо надеяться, больше ни в чем этот пожилой господин не был вам близок. Я вас принимаю на службу, будьте нам хорошим товарищем! Так, а теперь надо поторапливаться. Скоро здесь будет неуютно. Вы умеете карабкаться, барышня? Да? Ну так давайте же, полезайте между нами, мы вам поможем.

Стараясь не терять ни секунды, мы втроем вскарабкались по дереву в нашу будку. Наверху барышне стало дурно, но ей дали хлебнуть коньяку, и вскоре она настолько оправилась, что оценила великолепный вид на горы и озеро и сообщила нам, что ее зовут Дора.

Сразу затем внизу снова появилась машина, которая, не останавливаясь, осторожно объехала лежавший автомобиль, а потом резко увеличила скорость.

— Отлыниваете! — засмеялся Густав и свалил пулей водителя. Машина, поплясав, сделала скачок к парапету, продавила его и косо повисла над пропастью.

— Дора, — сказал я, — вы умеете обращаться с ружьями?

Она не умела, но научилась у нас заряжать карабин. Сперва у нее не было сноровки, она ссадила до крови палец, заревела и потребовала английского пластыря. Но Густав объяснил ей, что идет война и она, Дора, должна показать, что она смелая, храбрая девушка. И дело пошло на лад.

— Но что будет с нами? — спросила она потом.

— Не знаю, — сказал Густав. — Мой друг Гарри любит красивых женщин, он будет вашим близким другом.

— Но они явятся с полицией и солдатами и убьют нас.

— Полиции и тому подобного больше не существует. У нас есть выбор, Дора. Либо спокойно ждать здесь наверху и расстреливать все проезжающие машины, либо сесть самим в какую-нибудь машину, уехать отсюда и предоставить другим стрелять в нас. Безразлично, на чью сторону мы станем. Я за то, чтобы остаться здесь.

Внизу опять появилась машина, до нас донесся ее полнозвучный сигнал. С ней мы быстро покончили, и она осталась лежать вверх колесами.

— Смешно, — сказал я, — что стрельба может доставлять такое удовольствие! А ведь раньше я был противником войн!

Густав улыбнулся:

— То-то и оно, слишком много людей на свете. Раньше это не было так заметно. А теперь, когда каждый хочет не только дышать воздухом, но и иметь автомобиль, теперь это заметно. Конечно, то, что мы сейчас делаем, неразумно, это ребячество, да и война была огромным ребячеством. Со временем человечество волей-неволей научится ограничивать свое размножение разумными средствами. Пока мы реагируем на невыносимое положение довольно-таки неразумно, но делаем, по существу, то, что нужно, — уменьшаем в количестве.

— Да, — сказал я, — то, что мы делаем, наверно, безумно, и все же, наверно, это хорошо и необходимо. Нехорошо, когда человечество перенапрягает разум и пытается с помощью разума привести в порядок вещи, которые разуму еще совсем недоступны. Тогда возникают разные идеалы... они чрезвычайно разумны, и все же они страшно насилуют и обирают жизнь, потому что очень уж наивно упрощают ее. Образ человека, некогда высокий идеал, грозит превратиться в стереотип. Мы, сумасшедшие, может быть, снова облагородим его.

Густав, засмеявшись, ответил:

— Старик, ты говоришь замечательно умно, слушать этот кладезь премудрости отрадно и полезно. И, может быть, ты даже немножко прав. Но, будь добр, заряди теперь свое ружье, ты, по-моему, замечтался. В любой миг может прибежать еще косулька-другая, а их философией не уложишь, нужны, как-никак, пули в стволе.

Подъехал автомобиль и сразу погиб, дорога была теперь заграждена. Тучный рыжеголовый человек, оставшийся в живых, дико жестикулировал возле обломков, глазел вниз и вверх, обнаружил наше укрытие, побежал, рыча, в нашу сторону и выстрелил в нас снизу из револьвера несколько раз.

— Убирайтесь, а то буду стрелять! — крикнул Густав вниз. Рыжий взял его на прицел и выстрелил снова. Тогда мы сразили его двумя выстрелами.

Мы уложили еще две подошедшие машины. Затем на дороге стало тихо и пусто, распространилось, видимо, известие о том, что она опасна. У нас было время полюбоваться красивым видом. По ту сторону озера лежал в лощине небольшой город, там поднимался дым, и вскоре мы увидели, как огонь перебегает с крыши на крышу. Слышна была и стрельба. Дора захныкала, я стал гладить ее мокрые щеки.

— Неужели мы все должны умереть? — спросила она.

Никто не ответил. Тем временем внизу показался пешеход, увидел лежащие разбитые автомобили, обнюхал их со всех сторон, сунулся, наклонившись, в один из них, вытащил оттуда пестрый зонтик от солнца, кожаную дамскую сумку, бутылку вина, мирно сел на парапет, отпил из бутылки, съел что-то из сумки, завернутое в фольгу, допил бутылку до дна, весело пошел дальше с зонтиком под мышкой. Он мирно шагал вперед, и я сказал Густаву:

— Ты бы смог теперь выстрелить в этого славного парня и продырявить ему голову? Видит Бог, я не смог бы.

— Это и не требуется, — буркнул мой друг. Но и ему стало не по себе. Стоило лишь нам увидеть человека, который еще вел себя бесхитростно, мирно, по-детски, который жил еще в состоянии невинности, как все наши такие вроде похвальные и такие необходимые действия показались нам вдруг дурацкими и отвратительными. Тьфу, пропасть, сколько крови! Нам стало стыдно. Но говорят, что даже генералы испытывали порой на войне подобное чувство.

— Уйдем отсюда, — заныла Дора, — сойдем вниз, в машинах наверняка найдется что-нибудь съестное. Неужели вы не проголодались?

Внизу, в горящем городе, зазвонили колокола — взволнованно и испуганно. Мы приготовились к спуску. Помогая Доре перелезть через загородку, я поцеловал ей коленки. Она звонко рассмеялась. Но тут доски не выдержали, и мы с ней рухнули в пустоту...

Я снова находился в круглом коридоре, еще не остыв от этого приключения с охотой. И отовсюду, со всех бесчисленных дверей, манили надписи:

*Mutabor**

Превращение в любых животных и любые растения

Камасутра

Обучение индийскому искусству любви

Курс для начинающих: 42 разных способа любви

Наслаждение от самоубийства!

Ты доконаешь себя смехом

Хотите превратиться в дух?

Мудрость Востока

О, если б у меня была тысяча языков!

Только для мужчин

---

* Я превращаюсь (*лат.*).

Закат Европы
Цены снижены
Все еще вне конкуренции
Воплощение искусства
Время превращается в пространство с помощью музыки
Смеющаяся слеза
Кабинет юмора
Игры отшельника
Полноценная замена любого общения

Ряд надписей тянулся бесконечно. Одна гласила:

Урок построения личности
Успех гарантируется

Это показалось мне достойным внимания, и я вошел в соответствующую дверь.

Я оказался в сумрачной, тихой комнате, где без стула, на восточный манер, сидел на полу человек, а перед ним лежало что-то вроде большой шахматной доски. В первый момент мне показалось, что это мой друг Пабло — во всяком случае, он носил такую же пеструю шелковую куртку и у него были такие же темные сияющие глаза.

— Вы Пабло? — спросил я.

— Я никто, — объяснил он приветливо. — У нас здесь нет имен, мы здесь не личности. Я шахматист. Желаете взять урок построения личности?

— Да, пожалуйста.

— Тогда, будьте добры, дайте мне десяток-другой ваших фигур.

— Моих фигур?..

— Фигур, на которые, как вы видели, распадалась ваша так называемая личность. Ведь без фигур я не могу играть.

Он поднес к моим глазам зеркало, я снова увидел, как единство моей личности распадается в нем на множество «я», число которых, кажется, еще выросло. Но фигуры были теперь очень маленькие, размером с обычные шахматные. Тихими, уверенными движениями пальцев игрок отобрал несколько десятков и поставил их на пол рядом с доской.

При этом он монотонно, как повторяют хорошо заученную речь или лекцию, твердил:

— Вам известно ошибочное и злосчастное представление, будто человек есть некое постоянное единство. Вам известно также, что человек состоит из множества душ, из великого множества «я». Расщепление кажущегося единства личности на это множество фигур считается сумасшествием, наука придумала для этого название — шизофрения. Наука права тут постольку, поскольку ни с каким множеством нельзя совладать без руководства, без известного упорядочения, известной группировки. Не права же она в том, что полагает, будто возможен лишь один раз навсегда данный, непреложный, пожизненный порядок множества подвидов «я». Это заблуждение науки имеет массу неприятных последствий, ценно оно только тем, что упрощает состоящим на государственной службе учителям и воспитателям их работу и избавляет их от необходимости думать и экспериментировать. Вследствие этого заблуждения «нормальными», даже социально высокосортными считаются часто люди неизлечимо сумасшедшие, а как на сумасшедших смотрят, наоборот, на иных гениев. Поэтому несовершенную научную психологию мы дополняем понятием, которое называем искусством построения. Тому, кто изведал распад своего «я», мы показываем, что куски его он всегда может в любом порядке составить заново и добиться тем самым бесконечного разнообразия в игре жизни. Как писатель создает драму из горстки фигур, так и мы строим из фигур нашего расщепленного «я» все новые группы с новыми играми и напряженностями, с вечно новыми ситуациями. Смотрите!

Тихими, умными пальцами он взял мои фигуры, всех этих стариков, юношей, детей, женщин, все эти веселые и грустные, сильные и нежные, ловкие и неуклюжие фигуры, и быстро расставил из них на своей доске партию, где они тотчас построились в группы и семьи для игр и борьбы, для дружбы и вражды, образуя мир в миниатюре. Перед моими восхищенными глазами он заставил этот живой, но упорядоченный маленький мир двигаться, играть и бороться, заключать союзы и вести сражения, осаждать любовью, вступать в браки и размножаться; это была и правда многоперсонажная, бурная и увлекательная драма.

Затем он весело провел рукой по доске, осторожно опрокинул фигуры, сгреб их в кучу и задумчиво, как разборчивый художник, построил из тех же фигур совершенно новую партию, с совершенно другими группами, связями и сплетеньями. Вторая партия была родственна первой: это был тот же мир, и построена она была из того же материала, но переменилась тональность, изменился темп, переместились акценты мотивов, ситуации приобрели иной вид.

И вот так этот умный строитель строил из фигур, каждая из которых была частью меня самого, одну партию за другой, все они отдаленно походили друг на друга, все явно принадлежали к одному и тому же миру, имели одно и то же происхождение, но каждая была целиком новой.

— Это и есть искусство жить, — говорил он поучающе. — Вы сами вольны впредь на все лады развивать и оживлять, усложнять и обогащать игру своей жизни, это в ваших руках. Так же, как сумасшествие, в высшем смысле, есть начало всяческой мудрости, так и шизофрения есть начало всякого искусства, всякой фантазии. Даже ученые это уже наполовину признали, о чем можно прочесть, например, в «Волшебном роге принца», очаровательной книжке, где кропотливый и прилежный труд ученого облагораживается гениальным сотрудничеством нескольких сумасшедших художников, засаженных в психиатрические лечебницы. Возьмите с собой ваши фигурки, эта игра еще не раз доставит вам радость. Фигуру, которая сегодня выросла в несносное пугало и портит вам партию, вы завтра понизите в чине, и она станет безобидной второстепенной фигурой. А из милой, бедной фигурки, обреченной, казалось уже, на сплошные неудачи и невезения, вы сделаете в следующей партии принцессу. Желаю вам хорошо повеселиться, сударь.

Я низко и благодарно поклонился этому талантливому актеру, сунул фигурки в карман и вышел через узкую дверь.

Вообще-то я думал, что сразу же сяду в коридоре на пол и буду часами, целую вечность, играть со своими фигурами, но едва я вернулся в этот светлый и круглый коридор, как меня понесли новые течения, которые были сильнее меня. Перед моими глазами ярко вспыхнул плакат:

Чудо дрессировки степных волков.

Множество чувств пробудила во мне эта надпись; всякого рода страхи и тяготы, пришедшие из былой моей жизни, из покинутой действительности, мучительно сжали мне сердце. Дрожащей рукой отворив дверь, я вошел в какой-то ярмарочный балаган, где увидел железную решетку, которая и отделяла меня от убогих подмостков. А на подмостках стоял укротитель, чванный, смахивавший на шарлатана господин, который, несмотря на большие усы, могучие бицепсы и крикливый циркаческий костюм, каким-то коварным, довольно-таки противным образом походил на меня самого. Этот сильный человек держал на поводке, как собаку, — жалкое зрелище! — большого, красивого, но страшно отощавшего волка, во взгляде которого видна была рабская робость. И столь же противно, сколь интересно, столь же омерзительно, сколь и втайне сладостно, было наблюдать, как этот жестокий укротитель демонстрировал такого благородного и все же такого позорно послушного хищного зверя в серии трюков и сногсшибательных сцен.

Своего волка этот мой проклятый карикатурный близнец выдрессировал, ничего не скажешь, чудесно. Волк точно исполнял каждое приказание, реагировал, как собака, на каждый окрик, на каждое щелканье бича, падал на колени, притворялся мертвым, служил, послушнейше носил в зубах то яйцо, то кусок мяса, то корзиночку, больше того, поднимал бич, уроненный укротителем, и носил его за ним в пасти, невыносимо раболепно виляя при этом хвостом. К волку приблизили кролика, а затем белого ягненка, и зверь, хоть он и оскалил зубы, хотя у него и потекла слюна от трепетной жадности, не тронул ни того ни другого, а изящно перепрыгнул по приказанию через обоих животных, которые, дрожа, прижимались к полу, более того, улегся между кроликом и ягненком и обнял их передними лапами, образуя с ними трогательную семейную группу. Затем он съел плитку шоколада, взяв ее из руки человека. Мука мученическая была глядеть, до какой фантастической степени научился этот волк отрекаться от своей природы, у меня волосы дыбом вставали.

Однако за эту муку и взволнованный зритель, и сам волк были во второй части представления вознаграждены.

По окончании этой изощренной дрессировочной программы, после того, как укротитель торжествующе, со сладкой улыбкой, склонился над волчье-ягнячьей группой, роли переменились. Укротитель, похожий на Гарри, вдруг с низким поклоном положил свой бич к ногам волка и стал так же дрожать и ежиться, принял такой же несчастный вид, как раньше зверь. А волк только облизывался, всякая вымученность и неестественность слетели с него, его взгляд светился, все его тело подтянулось и расцвело во вновь обретенной дикости.

Теперь приказывал волк, а человек подчинялся. По приказанию человек опускался на колени, играл волка, высовывал язык, рвал на себе пломбированными зубами одежду. Ходил, в зависимости от воли укротителя людей, на своих двоих или на четвереньках, служил, притворялся мертвым, катал волка верхом на себе, носил за ним бич. Изобретательно и с собачьей готовностью подвергал он себя извращеннейшим униженьям. На сцену вышла красивая девушка, подошла к дрессированному мужчине, погладила ему подбородок, потерлась щекой об его щеку, но он по-прежнему стоял на четвереньках, оставался зверем, мотал головой и начал показывать красавице зубы, под конец настолько грозно, настолько по-волчьи, что та убежала. Ему предлагали шоколад, но он презрительно обнюхивал его и отталкивал. А в заключение опять принесли белого ягненка и жирного пестрого кролика, и переимчивый человек исполнил последний свой номер, сыграл волка так, что любо было глядеть. Схватив визжащих животных пальцами и зубами, он вырывал у них клочья шерсти и мяса, жевал, ухмыляясь, живое их мясо самозабвенно, пьяно, сладострастно зажмурившись, пил их теплую кровь.

Я в ужасе выбежал за дверь. Этот магический театр не был, как я увидел, чистым раем, за его красивой поверхностью таились все муки ада. О Господи, неужели и здесь не было избавления?

В страхе бегал я взад и вперед, ощущая во рту вкус крови и вкус шоколада, одинаково отвратительные, и, страстно стремясь ускользнуть от этой мутной волны, силился исторгнуть из самого себя более терпимые, более приветливые картины. «О друзья, довольно этих звуков!» — пело во мне, и я с ужасом вспомнил те мерзкие фотографии с фронта, что иногда попадались на глаза во время войны, — беспорядочные груды трупов, чьи лица противогазы преображали в какие-то дьявольские рожи. Как еще глуп и наивен был я в ту пору, когда меня, человеколюбивого противника войны, ужасали эти картинки. Сегодня я знал, что ни один укротитель, ни один министр, ни один генерал, ни один безумец не способен додуматься ни до каких мыслей и картин, которые не жили бы во мне самом, такие же гнусные, дикие и злые.

Со вздохом облегчения вспомнил я надпись, вызвавшую, как я видел, в начале спектакля такой энтузиазм у того красивого юноши, надпись:

Все девушки твои,

и мне показалось, что в общем-то ничего другого не стоит и желать. Радуясь, что снова убегу от проклятого волчьего мира, я вошел внутрь.

О чудо — это было так поразительно и одновременно так знакомо, — на меня здесь пахнуло моей юностью, атмосферой моего детства и отрочества, и в моем сердце потекла кровь тех времен. Все, что я еще только что делал и думал, все, чем я еще только что был, свалилось с меня, и я снова стал молодым. Еще час, еще минуту тому назад я считал, что довольно хорошо знаю, что такое любовь, желание, влечение, но это были любовь и влечение старого человека. Сейчас я снова был молод, и то, что я в себе чувствовал, этот жаркий, текучий огонь, эта неодолимо влекущая тяга, эта расковывающая, как влажный мартовский ветер, страстность, было молодым, новым и настоящим. О, как загорелись забытые огни, как мощно и глухо зазвучала музыка былого, как заиграло в крови, как закричало и запело в душе! Я был мальчиком пятнадцати или шестнадцати лет, моя голова была набита латынью, греческим и стихами прекрасных поэтов, мои мысли полны честолюбивых устремлений, мои фантазии наполнены мечтой о художничестве, но намного глубже, сильней и страшней, чем все эти полыхающие огни, горели и вспыхивали во мне огонь любви, голод пола, изнурительное предчувствие наслаждения.

Я стоял на скалистом холме над моим родным городком, пахло влажным ветром и первыми фиалками, внизу, в городке, сверкала река, сверкали окна моего отчего дома, и во всем этом зрелище, во всех этих звуках и запахах была та бурная полнота, новизна и первозданность, та сияющая красочность, все это дышало на весеннем ветру той неземной просветленностью, что виделись мне в мире когда-то, в самые богатые, поэтические часы моей первой молодости. Я стоял на холме, ветер шевелил мои длинные волосы; погруженный в мечтательную любовную тоску, я рассеянно сорвал с какого-то едва зазеленевшего куста молодую, полураскрывшуюся почку, поднес ее к глазам, понюхал (и уже от этого запаха меня обожгли воспоминания обо всем, что было тогда), взял в губы, которые еще не целовали ни одной девушки, этот зеленый комочек и стал жевать его. И стоило лишь мне ощутить его терпкий, душисто-горький вкус, как я вдруг отчетливо понял, что со мной происходит, все вернулось опять. Я заново переживал один час моего позднего отрочества, один воскресный день ранней весны, тот день, когда я, гуляя в одиночестве, встретил Розу Крейслер и так робко поздоровался с ней, так одурело влюбился в нее.

Тогда я с боязливым ожиданием глядел на эту красивую девушку, которая, еще не замечая меня, одиноко и мечтательно поднималась в мою сторону, видел ее волосы, заплетенные в толстые косы и все же растрепанные у щек, где играли и плыли на ветру вольные пряди. Я увидел в первый раз в жизни, как прекрасна эта девушка, как прекрасна и восхитительна эта игра ветра в нежных ее волосах, как томительно прекрасно облегает ее тонкое синее платье юное тело, и точно так же, как от горько-пряного вкуса разжеванной почки меня проняла вся сладостно-жуткая, вся зловещая радость весны, так при виде этой девушки меня охватило во всей его полноте смертельное предчувствие любви, представление о женщине, потрясающее предощущение огромных возможностей и обещаний, несказанных блаженств, немыслимых смятений, страхов, страданий, величайшего освобождения и глубочайшей вины. О, как горел этот горький весенний вкус на моем языке! О, как струился, играя, ветер сквозь волосы, распустившиеся у ее румяных щек! Потом она приблизилась ко мне, подняла глаза и узнала меня, на мгновенье чуть покраснела и отвела взгляд; потом я поздоровался с ней, сняв свою конфирмантскую шляпу, и Роза сразу овладела собой, улыбнувшись и немножко по-дамски задрав голову, ответила на мое приветствие и медленно, твердо и надменно пошла дальше, овеянная тысячами любовных желаний, требований, восторгов, которые я посылал ей вослед.

Так было когда-то, в одно воскресенье тридцать пять лет тому назад, и все тогдашнее вернулось в эту минуту — и холм, и город, и мартовский ветер, и запах почки, и Роза, и ее каштановые волосы, и эта нарастающая тяга, и этот сладостный, щемящий страх. Все было как тогда, и мне казалось, что я уже никогда в жизни так не любил, как любил тогда Розу. Но на сей раз мне было дано встретить ее иначе, чем в тот раз. Я видел, как она покраснела, узнав меня, видел, как старалась скрыть, что покраснела, и сразу понял, что нравлюсь ей, что для нее эта встреча имеет такое же значение, как для меня. И, вместо того чтобы снова снять шляпу и чинно постоять со шляпой в руке, пока она не пройдет мимо, я на сей раз, несмотря на страх и стесненье, сделал то, что велела мне сделать моя кровь, я воскликнул: «Роза! Слава Богу, что ты пришла, прекрасная, прекрасная девочка. Я тебя так люблю». Это было, наверно, не самое остроумное, что можно было тут сказать, но тут вовсе не требовалось ума, этого было вполне достаточно. Роза не приосанилась по-дамски и не прошла мимо. Роза остановилась, посмотрела на меня, покраснела еще больше и сказала: «Здравствуй, Гарри, я тебе действительно нравлюсь?» Ее карие глаза, ее крепкое лицо сияли, и я почувствовал — вся моя прошлая жизнь и любовь была неправильной, несуразной и глупо несчастной с тех пор, как я в то воскресенье дал Розе уйти. Но теперь ошибка была исправлена, и все изменилось, все стало хорошо.

Мы взялись за руки и, рука в руке, медленно пошли дальше, несказанно счастливые, очень смущенные; мы не знали, что говорить и что делать, от смущения мы пустились бегом и бежали, пока не запыхались, а потом остановились, не разнимая, однако, рук. Мы оба были еще в детстве и не знали, что делать друг с другом, мы не дошли в то воскресенье даже до первого поцелуя, но были невероятно счастливы. Мы стояли и дышали, потом сели на траву, и я гладил ей руку, а она другой рукой робко касалась моих волос, а потом мы опять встали и попытались помериться ростом, и на самом деле я был чуточку выше, но я этого не признал, а заявил, что мы совершенно одинакового роста, и что Господь предназначил нас друг для друга, и что мы позднее поженимся. Тут Роза сказала, что пахнет фиалками, и, ползая на коленях по низкой весенней траве, мы нашли несколько фиалок с короткими стебельками, и каждый подарил другому свои, а когда стало прохладнее и свет начал уже косо падать на скалы, Роза сказала, что ей пора домой, и нам обоим сделалось очень грустно, потому что провожать я ее не смел, но теперь у нас была общая тайна, и это было самое дивное, чем мы обладали. Я остался наверху, среди скал, понюхал подаренные Розой фиалки, лег у обрыва на землю, лицом к пропасти, и стал смотреть вниз на город и глядел до тех пор, пока далеко внизу не появилась ее милая фигурка и не пробежала мимо колодца и через мост. И теперь я знал, что она добралась до дома своего отца и ходит по комнатам, и я лежал здесь наверху вдалеке от нее, но от меня к ней тянулась нить, шли токи, летела тайна.

Мы встречались то здесь, то там, на скалах, у садовых оград, всю эту весну и, когда зацвела сирень, впервые боязливо поцеловались. Мы, дети, мало что могли дать друг другу, и в поцелуе нашем не было еще ни жара, ни полноты, и распущенные завитки волос у ее ушей я осмелился лишь осторожно погладить, но вся любовь и радость, на какую мы были способны, была нашей, и с каждым застенчивым прикосновением, с каждым незрелым словом любви, с каждым случаем робкого ожидания друг друга мы учились новому счастью, поднимались еще на одну ступеньку по лестнице любви.

Так, начиная с Розы и фиалок, я прожил еще раз всю свою любовную жизнь, но под более счастливыми звездами. Роза потерялась, и появилась Ирмгард, и солнце стало жарче, звезды — пьянее, но ни Роза, ни Ирмгард не стали моими, мне довелось подниматься со ступеньки на ступеньку, многое испытать, многому научиться, довелось потерять и Ирмгард, и Анну тоже. Каждую девушку, которую я в юности когда-то любил, я любил снова, но способен был каждой внушить любовь, каждой что-то дать, быть одаренным каждой. Желания, мечты и возможности, жившие некогда только в моем воображении, были теперь действительностью и подлинной жизнью. О, все вы прекрасные цветки, Ида и Лора, все, кого я когда-то любил хоть одно лето, хоть один месяц, хоть один день!

Я понял, что я был теперь тем славным, пылким юнцом, который так рьяно устремился тогда к вратам любви, понял, что теперь я проявлял и взращивал эту часть себя, эту лишь на десятую, на тысячную долю сбывшуюся часть своего естества, что теперь меня не отягощали все прочие ипостаси моего «я», не перебивал мыслитель, не мучил Степной волк, не урезал поэт, фантаст, моралист. Нет, теперь я не был никем, кроме как любящим, не дышал никаким счастьем и никаким страданием, кроме счастья и страдания любви. Уже Ирмгард научила меня танцевать, Ида — целоваться, а самая красивая, Эмма, была первой, которая осенним вечером, под колышущейся листвой вяза, дала поцеловать мне свои смуглые груди и испить чашу радости.

Многое пережил я в театрике Пабло, и словами не передать даже тысячной доли. Все девушки, которых я когда-либо любил, были теперь моими, каждая давала мне то, что могла дать только она, каждой давал я то, что только она была способна взять у меня. Много любви, много счастья, много наслаждений, но и немало замешательств, немало страданий довелось мне изведать, вся упущенная любовь моей жизни волшебно цвела в моем саду в этот сказочный час — невинные, нежные цветки, цветки полыхающие, яркие, цветы темные, быстро вянущие, жгучая печаль, испуганное умирание, сияющее возрождение. Я встречал женщин, завладеть которыми можно было лишь поспешно и приступом, и таких, за которыми долго и тщательно ухаживать было счастьем; вновь возникал каждый туманный уголок моей жизни, где когда-либо, хоть минуту, звал меня голос пола, зажигал женский взгляд, манил блеск белой девичьей кожи, и все упущенное наверстывалось. Каждая становилась моей, каждая на свой лад. Появилась та женщина с необыкновенными темно-карими глазами под льняными локонами, рядом с которой я когда-то простоял четверть часа у окна в коридоре скорого поезда, — она не сказала ни слова, но научила меня небывалым, пугающим, смертельным искусствам любви. И гладкая, тихая, стеклянно улыбающаяся китаянка из марсельского порта с гладкими, черными как смоль волосами и плавающими глазами — она тоже знала неслыханные вещи. У каждой была своя тайна, аромат своего земного царства, каждая целовала, смеялась по-своему, была на свой особенный лад стыдлива, на свой особенный лад бесстыдна. Они приходили и уходили, поток приносил их ко мне, нес меня, как щепку, к ним и от них, это было озорное, ребяческое плавание в потоке, полное прелести, опасностей, неожиданностей. И я удивлялся тому, как богата была моя жизнь, моя на вид такая бедная и безлюбовная волчья жизнь, влюбленностями, благоприятными случаями, соблазнами. Я их почти все упускал, почти от всех бежал, об иные споткнувшись, я забывал их как можно скорее — а тут они все сохранились, без единого пробела, сотнями. И теперь я видел их, отдавался им, был ими открыт, погружался в розовые сумерки их преисподней. Вернулся и тот соблазн, что некогда предложил мне Пабло, и другие, более ранние, которые я в то время даже не вполне понимал, фантастические игры втроем и вчетвером — все они с улыбкой принимали меня в свой хоровод. Такие тут творились дела, такие игрались игры, что и слов нет.

Из бесконечного потока соблазнов, пороков, коллизий я вынырнул другим человеком — тихим, молчаливым, подготовленным, насыщенным знанием, мудрым, искушенным, созревшим для Гермины. Последним персонажем в моей тысячеликой мифологии, последним именем в бесконечном ряду возникла она, Гермина, и тут же ко мне вернулось сознание и положило конец сказке любви, ибо с Герминой мне не хотелось встречаться здесь, в сумраке волшебного зеркала, ей принадлежала не только одна та фигура моих шахмат, ей принадлежал Гарри весь. О, теперь следовало перестроить свои фигуры так, чтобы все завертелось вокруг нее и свершилось.

Поток выплеснул меня на берег, я снова стоял в безмолвном коридоре театра. Что теперь? Я потянулся было к лежавшим у меня в кармане фигуркам, но этот порыв сразу прошел. Неисчерпаем был окружавший меня мир дверей, надписей, магических зеркал. Я безвольно прочел ближайшую надпись и содрогнулся:

Как убивают любовью,

гласила она. В моей памяти мгновенно вспыхнула картина: Гермина за столиком ресторана, забывшая вдруг про вино и еду и ушедшая в тот многозначительный разговор, когда она, со страшной серьезностью во взгляде, сказала мне, что заставит меня влюбиться в нее лишь для того, чтобы принять смерть от моих рук. Тяжелая волна страха и мрака захлестнула мне сердце, все снова вдруг встало передо мной, я снова почувствовал вдруг в глубинах души беду и судьбу. В отчаянии я полез в карман, чтобы достать оттуда фигуры, чтобы немного поколдовать и изменить весь ход моей партии. Фигур там уже не было. Вместо фигур я вынул из кармана нож. Испугавшись до смерти, я побежал по коридору, мимо дверей, потом вдруг остановился у огромного зеркала и взглянул в него. В зеркале стоял, с меня высотой, огромный прекрасный волк, стоял тихо, боязливо сверкая беспокойными глазами. Он нет-нет да подмигивал мне и посмеивался, отчего пасть его на миг размыкалась, обнажая красный язык.

Где был Пабло? Где была Гермина? Где был тот умный малый, что так красиво болтал о построении личности?

Я еще раз взглянул в зеркало. Я тогда, видно, спятил. Никакого волка, вертевшего языком, за высоким стеклом не было. В зеркале стоял я, стоял Гарри, стоял с серым лицом, покинутый всеми играми, уставший от всех пороков, чудовищно бледный, но все-таки человек, все-таки кто-то, с кем можно было говорить.

— Гарри, — сказал я, — что ты здесь делаешь?

— Ничего, — сказал тот, в зеркале, — я просто жду. Жду смерти.

— А где смерть? — спросил я.

— Придет, — сказал тот.

И я услыхал музыку, донесшуюся из пустых помещений внутри театра, прекрасную и страшную музыку, ту музыку из «Дон Жуана», что сопровождает появление Каменного гостя. Зловещим гулом наполнили этот таинственный дом ледяные звуки, пришедшие из потустороннего мира, от Бессмертных.

«Моцарт!» — подумал я и вызвал этим словом, как заклинанием, самые любимые и самые высокие образы моей внутренней жизни.

Тут позади меня раздался смех, звонкий и холодный, как лед, смех, рожденный неведомым человеку потусторонним миром выстраданного, потусторонним миром божественного юмора. Я обернулся, олепенённый и осчастливленный этим смехом, и тут показался Моцарт, прошел, смеясь, мимо меня, спокойно направился к одной из дверей, что вели в ложи, отворил ее и вошел внутрь, и я устремился за ним, богом моей юности, пожизненным пределом моей любви и моего поклонения. Музыка зазвучала опять. Моцарт стоял у барьера ложи, театра не было видно, безграничное пространство наполнял мрак.

— Видите, — сказал Моцарт, — можно обойтись и без саксофона. Хотя я, конечно, не хочу обижать этот замечательный инструмент.

— Где мы? — спросил я.

— Мы в последнем акте «Дон Жуана», Лепорелло уже на коленях. Превосходная сцена, да и музыка ничего, право. Хоть в ней еще и много очень человеческого, но все-таки уже чувствуется потустороннее, чувствуется этот смех — разве нет?

— Это последняя великая музыка, которая была написана, — сказал я торжественно, как какой-нибудь школьный учитель. — Конечно, потом был еще Шуберт, был еще Гуго Вольф, и бедного прекрасного Шопена тоже забывать я не должен. Вы морщите лоб, маэстро, — о да, ведь есть еще и Бетховен, он тоже чудесен. Но во всем этом, как оно ни прекрасно, есть уже какая-то отрывочность, какое-то разложение, произведений такой совершенной цельности человек со времен «Дон Жуана» уже не создавал.

— Не напрягайтесь, — засмеялся Моцарт, засмеялся со страшным сарказмом. — Вы ведь, наверно, сами музыкант? Ну так вот, я бросил это занятие, я ушел на покой. Лишь забавы ради я иногда еще поглядываю на эту возню.

Он поднял руки, словно бы дирижируя, и где-то взошла не то луна, не то какое-то другое бледное светило, я смотрел поверх барьера в безмерные глубины пространства, там плыли туманы и облака, неясно вырисовывались горы и взморья, под нами простиралась бескрайняя, похожая на пустыню равнина. На этой равнине мы увидели какого-то старого длиннобородого господина почтенного вида, который с печальным лицом возглавлял огромное шествие: за ним следовали несколько десятков тысяч мужчин, одетых в черное. Вид у него был огорченный и безнадежный, и Моцарт сказал:

— Видите, это Брамс. Он стремится к освобождению, но время еще терпит.

Я узнал, что черные тысячи — это всё исполнители тех голосов и нот, которые, с божественной точки зрения, были лишними в его партитурах.

— Слишком густая оркестровка, растрачено слишком много материала, — покачал головой Моцарт.

И сразу затем мы увидели Рихарда Вагнера, который шагал во главе столь же несметных полчищ, и почувствовали, какая изматывающая обуза для него эти тяжелые тысячи. Он тоже, мы видели, брел усталой походкой страдальца.

— Во времена моей юности, — заметил я грустно, — оба эти музыканта считались предельно противоположными друг другу.

Моцарт засмеялся:

— Да, это всегда так. Если взглянуть с некоторого расстояния, то такие противоположности обычно все ближе сходятся. Густая оркестровка не была, кстати, личной ошибкой Вагнера и Брамса, она была заблуждением их времени.

— Что? И за это они должны так тяжко платиться? — воскликнул я обвиняюще.

— Разумеется. Дело идет по инстанциям. Лишь после того, как они погасят долг своего времени, выяснится, осталось ли еще столько личных долгов, чтобы стоило взыскивать их.

— Но они же оба в этом не виноваты!

— Конечно, нет. Не виноваты они и в том, что Адам съел яблоко, а платить за это должны.

— Но это ужасно.

— Конечно. Жизнь всегда ужасна. Мы не виноваты, и все-таки мы в ответе. Родился — и уже виноват. Странно же вас учили Закону Божьему, если вы этого не знали.

Я почувствовал себя довольно несчастным. Я увидел, как сам я, смертельно усталый странник, бреду по пустыне того света, нагруженный множеством ненужных книг, которые я написал, всеми этими статьями, всеми этими литературными заметками, а за мной следуют полчища наборщиков, которые должны были над ними трудиться, полчища читателей, которые должны были все это проглотить. Боже мой! А ведь, кроме того, были еще Адам, и яблоко, и весь остальной первородный грех. Все это, значит, надо искупить, пройти через бесконечное чистилище, и лишь потом встанет вопрос, есть ли за всем этим еще что-то личное, что-то собственное или же все мои усилия и их последствия были лишь пустой пеной на море, лишь бессмысленной игрой в потоке событий.

Моцарт стал громко смеяться, увидев мое вытянувшееся лицо. От смеха он кувыркался в воздухе и дробно стучал ногами. При этом он покрикивал на меня:

— Что, мальчонка, свербит печенка, зудит селезенка? Вспомнил своих читателей, пройдох и стяжателей, несчастных пенкоснимателей, и своих наборщиков, подстрекателей-наговорщиков, еретиков-заговорщиков, паршивых притворщиков? Ну, насмешил, змей-крокодил, так ублажил, так уморил, что я чуть в штаны не наложил! Тебе, легковерному человечку, печатному твоему словечку, печальному твоему сердечку, поставлю для смеха поминальную свечку! Наврал, набрехал, языком натрепал, хвостом повилял, наплел, навонял. В ад пойдешь на муки вящие, на страданья надлежащие за писанья негодящие. Все, что ты кропал, ненастоящее, все-то ведь чужое, завалящее.

Это уж показалось мне наглостью, от злости у меня не осталось времени предаваться грусти. Я схватил Моцарта за косу, он взлетел, коса все растягивалась и растягивалась, как хвост кометы, а я, повиснув как бы на его конце, несся через вселенную. Черт возьми, до чего же холодно было в этом мире! Эти Бессмертные любили ужасно разреженный ледяной воздух. Но он веселил, этот ледяной воздух, это я еще почувствовал в тот короткий миг, после которого потерял сознанье. Меня проняло острейшей, сверкающей, как сталь, ледяной радостью, желаньем залиться таким же звонким, неистовым, неземным смехом, каким заливался Моцарт. Но тут я задохнулся и лишился чувств.

Я очнулся растерянным и разбитым, белый свет коридора отражался на блестящем полу. Я не был у Бессмертных, еще нет. Я был все еще в посюсторонном мире загадок, страданий, Степных волков, мучительных сложностей. Скверное место, пребывать в нем невыносимо. С этим надо было покончить.

В большом стенном зеркале напротив меня стоял Гарри. Выглядел он плохо, так же примерно, как выглядел в ту ночь после визита к профессору и бала в «Черном орле». Но это было давно, много лет, много столетий тому назад; Гарри стал старше, он научился танцевать, побывал в магических театрах, слышал, как смеется Моцарт, не боялся уже ни танцев, ни женщин, ни ножей. Даже человек умеренно одаренный созревает, пробежав через несколько столетий. Долго глядел я на Гарри в зеркале: он был еще хорошо мне знаком, он все еще чуточку походил на пятнадцатилетнего Гарри, который в одно мартовское воскресенье встретил среди скал Розу и снял перед ней свою конфирмантскую шляпу. И все же он стал теперь на сотню-другую годиков старше, он уже занимался музыкой и философией и донельзя насытился ими, уже пивал эльзасское в «Стальном шлеме» и дискутировал с добропорядочными учеными о Кришне, уже любил Эрику и Марию, уже стал приятелем Гермины, стрелял по автомобилям, спал с гладкой китаянкой, встречался с Гете и Моцартом и прорывал в разных местах сеть времени и мнимой действительности, еще опутывавшую его. Если он и потерял свои красивые шахматные фигурки, то зато у него в кармане был славный нож. Вперед, старый Гарри, старый, усталый воробей!

Тьфу, пропасть, как горька была на вкус жизнь! Я плюнул на Гарри в зеркале, я пнул его ногой и разбил вдребезги. Медленно шел я по гулкому коридору, внимательно оглядывая двери, которые раньше обещали столько хорошего: ни на одной не было теперь надписи. Я медленно обошел сотни дверей магического театра. Разве не был я сегодня на костюмированном балу? С тех пор миновало сто лет. Скоро никаких лет больше не будет. Оставалось еще что-то сделать. Гермина еще ждала. Странная это будет свадьба. Меня несла какая-то мутная волна, я мрачно куда-то плыл, раб, Степной волк. Тьфу, пропасть!

У последней двери я остановился. Мутная волна тянула меня туда. О Роза, о далекая юность, о Гете и Моцарт!

Я отворил дверь. За ней мне открылась простая и прекрасная картина. На коврах, покрывавших пол, лежали два голых человека, прекрасная Гермина и прекрасный Пабло, рядышком, в глубоком сне, глубоко изнуренные любовной игрой, которая кажется ненасытной и, однако, так быстро насыщает. Прекрасные, прекрасные человеческие экземпляры, прелестные картины, великолепные тела. Под левой грудью Гермины было свежее круглое пятно с темным кровоподтеком, любовный укус, след прекрасных, сверкающих зубов Пабло. Туда, в этот след, всадил я свой нож во всю длину лезвия. Кровь потекла по белой нежной коже Гермины. Я стер бы эту кровь поцелуями, если бы все было немного иначе, сложилось немного иначе. А теперь я этого не сделал; я только смотрел, как текла кровь, и увидел, что ее глаза на секунду открылись, полные боли и глубокого удивления. «Почему она удивлена?» — подумал я. Затем я подумал о том, что мне надо бы закрыть ей глаза. Но они сами закрылись опять. Дело было сделано. Она только повернулась чуть набок, я увидел, как от подмышки к груди порхнула легкая, нежная тень, которая мне что-то напоминала. Забыл! Потом Гермина не шевелилась.

Я долго смотрел на нее. Наконец как бы очнулся от сна и собрался уйти. Тут я увидел, как потянулся Пабло, увидел, как он раскрыл глаза и расправил члены, увидел, как он склонился над мертвой красавицей и улыбнулся. Никогда этот малый не станет серьезней, подумал я, все вызывает у него улыбку. Пабло осторожно отогнул угол ковра и прикрыл Гермину по грудь, так что раны не стало видно, а затем неслышно вышел из ложи. Куда он пошел? Неужели все покинут меня? Я остался наедине с полузакрытой покойницей, которую любил и которой завидовал. На бледный ее лоб свисал мальчишеский завиток, рот ее алел на побледневшем лице и был приоткрыт, сквозь ее нежно-душистые волосы просвечивало маленькое, затейливо вылепленное ухо.

Вот и исполнилось ее желание. Еще до того, как она стала совсем моей, я убил свою возлюбленную. Я совершил немыслимое, и вот я стоял на коленях, не зная, что означает этот поступок, не зная даже, хорош ли он, правилен ли или нехорош и неправилен. Что сказал бы о нем тот умный шахматист, что сказал бы о нем Пабло? Я ничего не знал, я не мог думать. Все жарче на гаснущем лице алел накрашенный рот. Такой была вся моя жизнь, такой была моя малая толика любви и счастья, как этот застывший рот: немного алой краски на мертвом лице.

И от этого мертвого лица, от мертвых белых плеч, от мертвых белых рук медленно подкрадывался ужас, от них веяло зимней пустотой и заброшенностью, медленно нарастающим холодом, на котором у меня стали коченеть пальцы и губы. Неужели я погасил солнце? Неужели убил сердце всяческой жизни? Неужели это врывался мертвящий холод космоса?

Содрогаясь, глядел я на окаменевший лоб, на застывший завиток волос, на бледно-холодное мерцание ушной раковины. Холод, истекавший от них, был смертелен и все же прекрасен: он звенел, он чудесно вибрировал, он был музыкой!

Не чувствовал ли я уже однажды и в прошлом этого ужаса, который в то же время был чем-то вроде счастья? Не слыхал ли уже когда-то этой музыки? Да, у Моцарта, у Бессмертных.

Мне вспомнились стихи, которые я однажды в прошлом где-то нашел:

Ну, а мы в эфире обитаем,
Мы во льду астральной вышины
Юности и старости не знаем,
Возраста и пола лишены...
Холодом сплошным объяты мы,
Холоден и звонок смех наш вечный...

Тут дверь ложи открылась, и вошел — я узнал его лишь со второго взгляда — Моцарт, без косицы, не в штанах до колен, не в башмаках с пряжками, а современно одетый. Он сел совсем рядом со мной, я чуть не дотронулся до него и не задержал его, чтобы он не замарался кровью, вытекшей на пол из груди Гермины. Он сел и сосредоточенно занялся какими-то стоявшими вокруг небольшими аппаратами и приборами, он очень озабоченно орудовал какими-то винтами и рычагами, и я с восхищением смотрел на его ловкие, быстрые пальцы, которые рад был бы увидеть разок над фортепьянными клавишами. Задумчиво глядел я на него, вернее, не задумчиво, а мечтательно, целиком уйдя в созерцание его прекрасных, умных рук, отогретый и немного испуганный чувством его близости. Что, собственно, он тут делал, что подкручивал и налаживал, — на это я совсем не обращал внимания.

А устанавливал он и настраивал радиоприемник, и теперь он включил громкоговоритель и сказал:

— Это Мюнхен, передают фа-мажорный «Кончерто гроссо» Генделя.

И правда, к моему неописуемому изумлению и ужасу, дьявольская жестяная воронка выплюнула ту смесь бронхиальной мокроты и жеваной резины, которую называют музыкой владельцы граммофонов и абоненты радио, — а за мутной слизью и хрипами, как за корой грязи старую великолепную картину, можно было и в самом деле различить благородный строй этой божественной музыки, ее царственный лад, ее холодное глубокое дыхание, ее широкое струнное полнозвучие.

— Боже, — воскликнул я в ужасе, — что вы делаете, Моцарт? Неужели вы не в шутку обрушиваете на себя и на меня эту гадость, не в шутку напускаете на нас этот мерзкий прибор, триумф нашей эпохи, ее последнее победоносное оружие в истребительной войне против искусства? Неужели без этого нельзя обойтись, Моцарт?

О, как рассмеялся тут этот жуткий собеседник, каким холодным и призрачным, беззвучным и в то же время всеразрушающим смехом! С искренним удовольствием наблюдал он за моими муками, вертел проклятые винтики, передвигал жестяную воронку. Смеясь, продолжал он цедить обезображенную, обездушенную и отравленную музыку, смеясь, отвечал мне:

— Не надо пафоса, соседушка! Кстати, вы обратили внимание на это ритардандо? Находка, а? Ну так вот, впустите-ка в себя, нетерпеливый вы человек, идею этого ритардандо — слышите басы? Они шествуют, как боги, — и пусть эта находка старика Генделя проймет и успокоит ваше беспокойное сердце! Вслушайтесь, человечишка, вслушайтесь без патетики и без насмешки, как за покровом этого смешного прибора, покровом и правда безнадежно дурацким, маячит далекий образ этой музыки богов! Прислушайтесь, тут можно кое-чему поучиться. Заметьте, как этот сумасшедший рупор делает, казалось бы, глупейшую, бесполезнейшую и запретнейшую на свете вещь, как он глупо, грубо и наобум швыряет исполняемую где-то музыку, к тому же уродуя ее, в самые чуждые ей, в самые неподходящие для нее места — и как он все-таки не может убить изначальный дух этой музыки, как демонстрирует на ней лишь беспомощность собственной техники, лишь собственное бездуховное делячество! Прислушайтесь, человечишка, хорошенько, вам это необходимо! Навострите-ка ушки! Вот так. А ведь теперь вы слышите не только изнасилованного радиоприемником Генделя, который и в этом мерзейшем виде еще божествен, — вы слышите и видите, уважаемый, заодно и превосходный символ жизни вообще. Слушая радио, вы слышите и видите извечную борьбу между идеей и ее проявлением, между вечностью и временем, между божественным и человеческим. Точно так же, мой дорогой, как радио в течение десяти минут бросает наобум великолепнейшую на свете музыку в самые немыслимые места, в мещанские гостиные и в чердачные каморки, меча ее своим болтающим, жрущим, зевающим, спящим абонентам, как оно крадет у музыки ее чувственную красоту, как оно портит ее, корежит, слюнит и все же не в силах окончательно убить ее дух — точно так же и жизнь, так называемая действительность, разбрасывает без разбора великолепную вереницу картин мира, швыряет вслед за Генделем доклад о технике подчистки баланса на средних промышленных предприятиях, превращает волшебные звуки оркестра в неаппетитную слизь, неукоснительно впихивает свою технику, свое делячество, сумятицу своих нужд, свою суетность между идеей и реальностью, между оркестром и ухом. Такова, мой маленький, вся жизнь, и мы тут ничего не можем поделать, и если мы не ослы, то мы смеемся по этому поводу. Таким людям, как вы, совсем не к лицу критиковать радио или жизнь. Лучше научитесь сначала слушать! Научитесь серьезно относиться к тому, что заслуживает серьезного отношения, и смеяться над прочим! А разве вы сами-то поступали лучше, благородней, умней, с большим вкусом? О нет, мсье Гарри, никак нет. Вы сделали из своей жизни какую-то отвратительную историю болезни, из своего дарованья какое-то несчастье. И такой красивой, такой очаровательной девушке вы, как я вижу, не нашли другого применения, чем пырнуть ее ножом и убить! Неужели вы считаете это правильным?

— Правильным? О нет! — воскликнул я в отчаянии. — Боже мой, все это ведь так неправильно, так дьявольски глупо и скверно! Я скотина, Моцарт, глупая, злая скотина, больная и испорченная, тут вы тысячу раз правы... Но что касается этой девушки, то она сама этого хотела, я только исполнил ее собственное желание.

Моцарт беззвучно рассмеялся, но все же соблаговолил выключить радио.

Мое оправдание, хотя я еще только что чистосердечно верил в него, внезапно показалось мне довольно глупым. Когда Гермина однажды — вспомнил я вдруг — говорила о времени и вечности, я сразу готов был считать ее мысли отражением моих собственных мыслей. А что мысль о том, чтобы я убил ее, возникла у Гермины самой, без какого бы то ни было влияния с моей стороны, — это я принял как нечто само собой разумеющееся. Но почему же я тогда не просто принял эту страшную, эту поразительную мысль, не просто поверил в нее, а даже угадал ее наперед? Не потому ли все-таки, что она была моей собственной? И почему я убил Гермину как раз в тот миг, когда застал ее голой в объятиях другого? Всеведенья и издевки был полон беззвучный смех Моцарта.

— Гарри, — сказал он, — вы шутник. Неужели и в самом деле эта красивая девушка не хотела от вас ничего, кроме удара ножом? Рассказывайте это кому-нибудь другому! Ну, хоть пырнули-то вы хорошенько, бедная малышка мертвехонька. Пора вам, пожалуй, уяснить себе последствия вашей галантности по отношению к этой даме. Или вы хотите увильнуть от последствий?

— Нет, — крикнул я. — Неужели вы ничего не понимаете? Увильнуть от последствий! Да ведь если я чего и хочу, то только искупить, искупить свою вину, положить голову на плаху, принять наказание, быть уничтоженным!

Моцарт поглядел на меня с нестерпимой издевкой.

— До чего же вы патетичны! Но вы еще научитесь юмору, Гарри. Юмор всегда юмор висельника, и в случае надобности вы научитесь юмору именно на виселице. Вы готовы к этому? Да? Отлично, тогда ступайте к прокурору и терпеливо сносите всю лишенную юмора судейскую канитель вплоть до того момента, когда вам холодно отрубят голову ранним утром в тюрьме. Вы, значит, готовы к этому?

Передо мной вдруг сверкнула надпись:

Казнь Гарри —

и я кивнул головой в знак согласия. Голый двор среди четырех стен с маленькими зарешеченными окошками, опрятно прибранная гильотина, десяток господ в мантиях и сюртуках, а среди них стоял я, продрогший на сером воздухе раннего утра, с давящим и жалобным страхом в сердце, но готовый и согласный. По приказу я сделал несколько шагов вперед, по приказу стал на колени. Прокурор снял свою шапочку и откашлялся, и все остальные господа тоже откашлялись. Он развернул какую-то грамоту и, держа ее перед собой, стал читать:

— Господа, перед вами стоит Гарри Галлер, обвиненный и признанный виновным в преднамеренном злоупотреблении нашим магическим театром. Галлер не только оскорбил высокое искусство, спутав нашу прекрасную картинную галерею с так называемой действительностью и заколов зеркальное изображение девушки зеркальным изображением ножа, он, кроме того, не юмористическим образом обнаружил намерение воспользоваться нашим театром как механизмом для самоубийства. Вследствие этого мы приговариваем Галлера к наказанию вечной жизнью и к лишению на двенадцать часов права входить в наш театр. Обвиняемый не может быть освобожден также и от наказания однократным высмеиванием. Господа, приступайте — раз — два — три!

И по счету «три» присутствующие самым добросовестным образом залились смехом, смехом небесного хора, ужасным, нестерпимым для человеческого слуха смехом потустороннего мира.

Когда я пришел в себя, Моцарт, сидевший рядом со мной, как прежде, похлопал меня по плечу и сказал:

— Вы слышали вынесенный вам приговор. Придется, стало быть, вам привыкнуть слушать и впредь радиомузыку жизни. Это пойдет вам на пользу. Способности у вас, милый дуралей, из ряда вон маленькие, но теперь вы, наверно, постепенно все-таки поняли, чего от вас требуют! Вы готовы закалывать девушек, готовы торжественно идти на казнь, и вы были бы, вероятно, готовы также сто лет бичевать себя и умерщвлять свою плоть? Или нет?

— О да, готов всей душой! — воскликнул я горестно.

— Конечно! Вас можно подбить на любую лишенную юмора глупость, великодушный вы господин, на любое патетическое занудство! Ну, а меня на это подбить нельзя, за все ваше романтическое покаяние я не дам и ломаного гроша. Вы хотите, чтобы вас казнили. Вы хотите, чтобы вам отрубили голову, неистовый вы человек! Ради этого дурацкого идеала вы согласны совершить еще десять убийств. Вы хотите умереть, трус вы эдакий, а не жить. А должны-то вы, черт вас возьми, именно жить! Поделом бы приговорить вас к самому тяжкому наказанию.

— О, что же это за наказанье?

— Мы могли бы, например, оживить эту девушку и женить вас на ней.

— Нет, к этому я не готов. Вышла бы беда.

— А то вы уже не натворили бед! Но с патетикой и убийствами надо теперь покончить. Образумьтесь, наконец! Вы должны жить и должны научиться смеяться. Вы должны научиться слушать проклятую радиомузыку жизни, должны чтить скрытый за нею дух, должны научиться смеяться над ее суматошностью. Вот и все, большего от вас не требуют.

Я тихо, сквозь сжатые зубы, спросил:

— А если я откажусь? А если я, господин Моцарт, не признаю за вами права распоряжаться Степным волком и вмешиваться в его судьбу?

— Тогда, — миролюбиво сказал Моцарт, — я предложил бы тебе выкурить еще одну мою папироску.

И пока он говорил это и протягивал мне папиросу, каким-то волшебством извлеченную им из кармана жилетки, он вдруг перестал быть Моцартом: он тепло смотрел на меня темными, чужеземными глазами и был моим другом Пабло и одновременно походил, как близнец, на того человека, который научил меня игре с фигурками.

— Пабло! — воскликнул я, вздрогнув. — Пабло, где мы?

Пабло дал мне папиросу и поднес к ней огонь.

— Мы, — улыбнулся он, — в моем магическом театре, и если тебе угодно выучить танго, или стать генералом, или побеседовать с Александром Великим, то все это в следующий раз к твоим услугам. Но должен сказать тебе, Гарри, что ты меня немного разочаровал. Ты совсем потерял голову, ты прорвал юмор моего маленького театра и учинил безобразие, ты пускал в ход ножи и осквернял наш славный мир образов пятнами действительности. Это некрасиво с твоей стороны. Надеюсь, ты сделал это по крайней мере из ревности, когда увидел, как мы лежим с Герминой. С этой фигурой ты, к сожалению, оплошал — я думал, что ты усвоил игру лучше. Ничего, дело поправимое.

Он взял Гермину, которая в его пальцах сразу же уменьшилась до размеров шахматной фигурки, и сунул ее в тот же карман, откуда раньше извлек папиросу.

Приятен был аромат сладкого тяжелого дыма, я чувствовал себя опустошенным и готовым проспать хоть целый год.

О, я понял все, понял Пабло, понял Моцарта, я слышал где-то сзади его ужасный смех, я знал, что все сотни тысяч фигур игры жизни лежат у меня в кармане, я изумленно угадывал смысл игры, я был согласен начать ее еще раз, еще раз испытать ее муки, еще раз содрогнуться перед ее нелепостью, еще раз и еще множество раз пройти через ад своего нутра.

Когда-нибудь я сыграю в эту игру получше. Когда-нибудь я научусь смеяться. Пабло ждал меня. Моцарт ждал меня.

Литературно-художественное издание

Гессе Герман

Степной волк

Роман

Ответственный редактор И.В. Горяева
Компьютерная верстка С.Б. Клещев

Общероссийский классификатор продукции
ОК-034-2014 (КПЕС 2008); 58.11.1 — книги, брошюры печатные

Произведено в Российской Федерации. Изготовлено в 2020 г.

Изготовитель: ООО «Издательство АСТ»
129085, Российская Федерация, г. Москва,
Звёздный бульвар, дом 21, строение 1, комната 705, пом. I, 7 этаж.
Наш электронный адрес: **www.ast.ru**
E-mail: neoclassic@ast.ru
ВКонтакте: vk.com/ast_neoclassic

«Баспа Аста» деген ООО
129085, Мәскеу қ., Звёздный бульвары, 21-үй, 1-құрылыс, 705-бөлме, I жай, 7-қабат.
Біздің электрондық мекенжайымыз: www.ast.ru
E-mail: neoclassic@ast.ru

Интернет-магазин: www.book24.kz
Интернет-дүкен: www.book24.kz
Импортёр в Республику Казахстан ТОО «РДЦ-Алматы».
Қазақстан Республикасындағы импорттаушы «РДЦ-Алматы» ЖШС.
Дистрибьютор и представитель по приему претензий на продукцию в Республике Казахстан:
ТОО «РДЦ-Алматы»

Қазақстан Республикасында дистрибьютор
және өнім бойынша арыз-талаптарды қабылдаушының
өкілі «РДЦ-Алматы» ЖШС, Алматы қ., Домбровский көш., 3«а», литер Б, офис 1.
Тел.: 8(727) 2 51 59 89,90,91,92, факс: 8 (727) 251 58 12 вн. 107;
E-mail: RDC-Almaty@eksmo.kz
Өнімнің жарамдылық мерзімі шектелмеген.

Өндірген мемлекет: Ресей
Сертификация қарастырылмаған

Подписано в печать 06.11.19. Формат 76x100 1/32.
Усл. печ. л. 12, 6. Доп. тираж 3000 экз. Заказ № 8404/19.

Отпечатано в соответствии с предоставленными материалами
в ООО “ИПК Парето-Принт”, 170546, Тверская область
Промышленная зона Боровлево-1, комплекс №3А
www.pareto-print.ru

ISBN 978-5-17-103601-0

9 785171 036010 >

16+